默延杰◎著

铸魂

县域基础教育高质量发展的思考与探索

中国文史出版社

图书在版编目（CIP）数据

铸魂：县域基础教育高质量发展的思考与探索 ／ 默

延杰著 . -- 北京：中国文史出版社，2023.9

ISBN 978-7-5205-4312-5

Ⅰ . ①铸… Ⅱ . ①默… Ⅲ . ①县－基础教育－教育改

革－研究－新乐 Ⅳ . ① G639.2

中国国家版本馆 CIP 数据核字 (2023) 第 181157 号

责任编辑：全秋生

出版发行：中国文史出版社

地　　址：北京市海淀区西八里庄路 69 号　　邮编：100142

电　　话：010 － 81136602　　81136603　　81136606 （发行部）

传　　真：010 － 81136655

印　　装：廊坊市海涛印刷有限公司

经　　销：全国新华书店

开　　本：787mm×1092mm　　1/16

印　　张：16.25　　字数：252 千字

版　　次：2024 年 1 月北京第 1 版

印　　次：2024 年 1 月第 1 次印刷

定　　价：59.80 元

序

进入新时代，中国基础教育改革又走到了一个重要的历史关口。

备受全球瞩目的中共二十大，绘制了一幅反映中国全面深化教育改革的崭新规划、愿景、目标的壮丽图景。在战略布局、优先等级、主攻方向、工作机制、推进方式、时间表和路线图方面做出了科学合理的设定，提出了全面深化教育改革的新观念、新论断、新举措，这是自恢复高考以来的又一次具有历史意义的教育改革总体布局和全方位动员。

这一切都源于社会对未来人才的需求发生的根本性变化。如何让义务教育行稳致远，办好人民满意的教育，让每一所学校成为老百姓家门口的好学校，让教育成为人民群众追求美好生活的推进器，这需要用实践来回答。

在这一方面，东长寿学校提出了"1+DCS+1"新课改构想，这是一个既有前瞻性又有实操性的新课改计划。真正体现了"以人为本，注重培养孩子的素养，回归育人本位"，同时又多元整合，五育并举，追求让每一个孩子得到全面发展，追求实现"学生与老师一起成长，老师与学校一起成长，学校与社会和家长一起成长"，这是非常有意义的学校发展探索。

我一直认为，真正的基础教育改革，需要首先实现教育者的改变，需要学习环境、学习思维的改变。今天，在党的领导下，教育强国的宏伟蓝图已经绘就，中国教育深入改革的底层逻辑已经建立起来，激发学校自身的实践智慧，因校制宜地寻找强校之路，焕发学校自主变革的活力，已经势在必行。在教育强国的道路上，每一所学校的自主探索，每一位学校校长的独立思考，都值得尊重和重视。

教育是地方最具灵性和动感的社会因素，一所学校是区域社会的文化高地，这是社会的基本认知。同时，教育也与千家万户的幸福紧密相连，与国家的未来密切相关，是一项伟大的事业。因此，我们必须始终保持教育初心，不断努力前行，为教育事业的发展贡献力量。

新乐市教育局党组书记、局长　甄宗斌

2023 年 3 月 3 日

Contents

目 录

前　言

　　国家有信仰，民族有希望，人民有力量；民族精神是实现中华民族伟大复兴中国梦的精神动力。一所学校亦然，只有共同的教育理想目标支撑，才能同心同德地迈向前方。

　　东长寿学校是一个特别的团队，她拥有 300 多位优秀教师，是一个领先一步、追求卓越的团队，是一个善于学习、勇于创新的团队，是一个一直走在教育创新路上拼搏进取的团队。2014 年，东长寿学校将育人工作归纳为二十个基点，形成了"五四办学体系"，并获国家奖励。2015年，学校构建形成"身心灵"全面育人理念，追求学生健壮身体、健康心理、健全性格的"三健"人生培养目标，石家庄市教育局组织学校现场会进行专门推广。2016 年，学校探索搭建"由尊重到尊严、身心灵齐发展"的办学途径，首次提出"双尊"育人理念。2017年，构建形成以"魂、双尊、身心灵、五四体系"主题的"十字铸魂教育理论"，并荣获多项奖励，在各地宣讲三十余场次。2018年，新乐市教育局以正式文件的形式，批准成立由学校带队组建"铸魂教育集团"。2019年，校长默延杰被评为石家庄市十大知名校长，2020年，被评为石家庄市首批十大名校长工作室领衔校长，2021年，被评为河北省骨干校长。

这些成绩是以默延杰校长为掌舵人的东长寿学校集体，紧密依靠党的教育政策和法规，步步合拍，环环相扣，勇于实践而取得的。进入新时代以来，中共中央、国务院发布了一系列最新的教育政策文件，诸如《中国教育现代化2035》《关于深化教育教学改革全面提高义务教育质量的意见》《深化新时代教育评价改革总体方案》，这是新时代学校教育发展的重要遵循，而东长寿学校的发展，正是在这些政策方针的正确引领下取得的。

2022年7月24日，中共中央办公厅、国务院办公厅印发《关于进一步减轻义务教育阶段学生作业负担和校外培训负担的意见》。东长寿学校深入学习领会，扎实实践，深入调研，提出"1+DCS+1"核心素养办学思想，即"课标＋核心素养＋作业"，前"1"，是前提，是基础，是必须完成新课标的刚性任务，不但要讲好国家教材，而且教学成绩要优异。后"1"，是结果，是保证，是落实"双减"政策的具体措施，科学设计学校作业，让优秀学生"吃得饱"，让后进学生"吃得好"；尤其强调学校作业不带出校门，不增加家长课业负担。由此，形成了旨在全面提高学生核心素养的深化学校教育改革新思路。

"DCS"，指向核心素养、立德树人、培根铸魂，将"智体美劳"作为培育"德"的具体抓手和途径。学校目前已经组织编写校本读本 29 册，其中体育类（太极、跳绳）7 册、美育类（软硬笔书法和器乐）18 册、劳动类（中医药材种植、制药、储药、标本制作）4 册，这些读本在实践中不断丰富完善，在校本学习中助力学生学会并掌握国家教材，培养学生的人文精神，让每个学生都拥有一项以上的科学技能，为学生提供创新实践的平台，培养学生的社会责任和社会担当。

概括来说，"1+DCS+1"教育改革，主要分为三个阶段。

第一阶段：统一思想、完善理论，编订《学习手册》。具体分三步：

第一步，统一思想（2023.8.1—2023.9.1）。通过召开班子会、支部会、教代会、全体教职工动员大会，深入学习讨论"我们为什么要进行教育改革"，凝聚全体教师的力量，将国家教育方针落到实处，全面完成新课标教学任务，提高课堂教学效率，激发学生学习兴趣，促进学生全面发展，助力培育师生核心素养。

第二步，完善理论（2022.12.21—2023.1.20）。为了将学校改革做得更扎实、更有实效，把改革思路、方案汇编成《学习手册》后，中层领导首先深入学习手册内容，再由每位学校领导和两位骨干教师组成一个学习小组，进行学习讨论，集思广益，形成学习成果，并将其增补进《学习手册》，使手册涵盖教育政策、教育法律法规条文，学校宏观层面有关改革的认识和理性判断，以及广大教师的思想认识和学习收获等。

第三步，《学习手册》定稿并组织全员学习（2023.1.21—2023.1.31）。每位教职工人手一册，对《学习手册》进行全员学习。

第二阶段：对标入座、运行实践，形成《实操手册》。这个阶段也分三步：

第一步，对标入座（2023.9.1—2023.10.1）。在认真学习《学习手册》的基础上，结合本职本科目教学，在完成本职教学的前提下，深入学习新课标，结合教材与学生实际，认真钻研业务，并制订自己的"1+DCS+1"教改计划。

第二步，运行实践（2023.2.11—2023.6.30）。边教学边开展教改实践，围绕一节课、一个章节、一篇讲读课文、一个知识点，结合综合课、成功课、大课、高效课、劳动课、实践课、研学课、特长课，全面对标入座，教师做好自我总结，撰写教研论文，形成教学策略，取得教研成果，分享教学心得，组织教学反思，并将这些阶段行动中形成的感悟、经验、规律性认识择其精华，汇编成为《实操手册》，提炼形成可行的具有普遍性、代表性、操作性的具体内容。

第三步，完善《实操手册》（2023.10.1—2024.6.30）。对运行阶段的成功经验进行梳理、汇总、系统、提炼，紧密结合国家教育改革方针，立足新时代、新需求、新形势，从中国基础教育应当承担的责任出发，结合自身的业务职责，开展教育创新，写出经验总结，形成完善系统且具有推广价值的《实操手册》。

第三阶段：宣传推介，形成"1+DCS+1"系统理论总结。这一阶段有三步：

第一步，宣传推介，通过自己的探索，在总结经验的基础上，形成具有一定示范性、推广性的实践经验，争取对区域社会学校教育的整体发展产生引领作用。

第二步，不断丰富学校教育变革的内涵，学校教育发展的创新途径不断清晰，明确将学生全面发展为办学价值核心，全心全意为每一名学生的全面发展提供学校优质教育服务。

第三步，在前期探索基础上，形成"1+DCS+1"学校改革理论，形成鲜明的学校教育发展特色。

本书内容就是围绕上述学校变革阶段目标和核心任务，从理论层面进行的针对性解读和具体阐释，希望以此来全面呈现东长寿学校对基础教育学校的使命、责任与未来发展的思考探索。

我的教育叙事

我生在农村，学在农村，教在农村。作为一名农村的孩子，通过学习，顺利成长为一名光荣的人民教师，并从农村一线教师做起，先后辗转各地，一直到如今担任九年一贯制校长。一路走来，教育改变了我的人生轨迹，重塑了我的人生图景……身为教育人，教育的改变，需要我的改变，更需要我们的改变！

我的教育叙事

我生在农村，学在农村，教在农村。作为一名农村的孩子，通过学习，顺利成长为一名光荣的人民教师，并从农村一线教师做起，先后辗转于偏远村小、城乡接合部学校、市区学校，从担任班主任、团总支书记、少先队总辅导员、政教副主任到后来担任政教主任、副校长、普教校长、小学校长、中学校长，一直到如今担任九年一贯制校长。一路走来，教育改变了我的人生轨迹，重塑了我的人生图景。回顾过往教育经历，我深刻意识到，身为教育人，教育的改变，需要我的改变，更需要我们的改变！

一、小学四事

我儿时的记忆不多，小学五年里，有好多事情随着时间的流逝已经不见踪影，但仍有四件事记得非常深刻，至今难忘。

第一件事，让我念念不忘的"烫脚"故事。

那是我六岁，秋天时上一年级，老师告诉我们："要孝敬父母，在吃饭的时候要先给父母端好饭，再端自己的……"

有一天放学回家，母亲已经做好饭等一家人吃饭，熬的是玉米粥。

当年的厨房都是大灶台，因为天气逐渐凉了起来，家家户户都是在大灶台前摆上地桌，围在一起吃饭。那个年代，物资匮乏，可吃的食物比较少，油水更少。汤汤水水的没有什么营养，干的又是重活，人们的饭量很大了。那时吃饭，用的多是粗瓷大碗。当时农村条件差，天气不太冷的时候，好多人是光着脚下地干活的，小孩子更是光脚的时候多。

灶台离地桌非常近的，我看到母亲将碗摆在灶台边上，开始从大铁锅里向碗里盛粥，我想到了老师说的"先为父母端饭"，感觉端一碗饭是没有问题的。想到就做到，伸出小手就端。

可是盛上玉米粥的碗太烫了，手一时拿不稳大瓷碗，一碗粥就扣在我没有穿鞋的小脚上了。当时粥太烫了，我直接用手去抹脚上的粥，已经被烫熟了的脚皮被"抹"下来一大片。

后面的细节记不清了。记得用一种偏方加獾油外敷了三个月，我才能下地走路。

第二件事，"挣工分"故事。

每当我说起到生产队里挣工分，比我年龄大的人，总用质疑的眼光看我。

我因为脚被烫伤了，三个月没能上学，父亲说："明年再重新上吧。你唐哥是队长，想照顾咱们家一下，让你去队里上工，一天三分，从明天开始，听到钟声就起来上工。"

当年，成年人一天1个工，1个工计10分，因为我太小，就照顾一下，给记3分。

每天早晨，听到队长敲响挂在我家屋后那棵歪脖槐树上的大铁钟后，我就麻利地起来了。点名、答到，我跟着大人们一起去地里上工了。

冬天的任务比较枯燥，主要工作是看护队里晒的粮食，拿个秸秆赶麻雀、鸡鸭之类的。记得当年天气又冷，穿得又少，总是找个向阳的墙角晒太阳。

到了春天就快乐起来了，跟在大人的后面打下手。种豆子的时候，大人们用锛子在前面刨坑，我在后面点豆子，大人边干边说：这是什么品种，需要多大距离，每撮最佳豆子的数量，坑多深好出苗，返土埋后需要压实，还要尽快浇水，不然，地老鼠闻到味就把种子全盗走了……从那时起，我就学到了好多农业生产的经验和知识。

接着是插秧、拔草、捉虫、浇水、收麦，其中有苦有累，也都记不清了。只记得大人们非常淳朴，对我也非常宽容，他们边劳作边逗乐，讲了好多笑话和故事逗着我玩，这种温暖一直陪伴着我。

第三件事，一年级时我参加年终考试，考了全乡一年级的第一名学校召开表彰大会，当时的中心校长在我们村中心大岗子上，亲自给我颁发了奖状和奖品。当时的奖品是一支"三用"圆珠笔。

当年，我的家里有姐姐和我在上学，妹妹和弟弟还没有上学。我只见过铅笔，第一次见到"三用"圆珠笔，感觉好神奇啊！

一按红色的按钮，"咔"一声，红色的笔芯就出来了；一按蓝色的按钮，"咔"一声，红色的笔芯退了回去，又"咔"一声，蓝色的笔芯就出来了……我不停地按着，咔嗒，咔嗒，咔嗒，听着这动听的声音，别提多激动了。

激动的我想给妈妈看，可是妈妈此时没在家，只有小弟弟在炕上玩。当时小弟弟还不到两周，听到"三用"圆珠笔那"咔嗒""咔嗒""咔嗒"的声音，伸手就要，我就给弟弟玩。看着弟弟玩得挺开心，我也挺高兴的。

这时候，父亲回来了，我正在高兴地说着，弟弟一抬手把"三用"圆珠笔扔到煤火里了。我吓得赶紧喊了起来。等父亲从煤火里"救"出"三用"圆珠笔时，它被烧得"流了汗"，几乎要从中间断了，这支笔彻底用不成了。

有时候，快乐越短暂，在心里记忆得越深。

第四件事，"撒谎"的故事。

记不清是几年级了，好像是三年级或四年级，当时老师正在教我们计算面积公式"长×宽等于面积"。老师为了教得更好，就进行了"拓展"：在黑板上画了一个"7"字形拐角，问同学们怎么求面积？

我因为在地里上过工，曾和大人们在丈量土地时拉过尺子，生活中已经有了"面积"的概念，就自告奋勇地上台计算，把拐角补齐是一个大方形，减去那块空的小方形，或者按一边打直成为两个小方形直接加。

计算完，自然得到老师的表扬，我有些得意，也进行了"拓展"：画了几个拐多个弯的，并点明不要重复计算了拐角面积。

老师高兴地问我，这是从哪里学到的？我说家里有一本书上的，老师说："你带来，让我看看吧。"我就囫囵着答应了。

后来，怎么解决的记不清了。但是，一时兴起顺口编个理由这件事情，给我造成了长久的心理压力，一直压到了今天。从那时起，我每每告诫自己：不管什么时候、什么情形下，我都要对自己说出的每一句话负责任。

二、十五志于学

初中三年的故事就多了，我在过了天命之年的今天，还想说说记忆犹新的几个故事。

第一个故事，我被一片树叶给"吓"到了。

20世纪70年代时，我家里很穷，买不起自行车。我们上下学，基本上是一个村里年龄相仿的同学做伴步行。路远的，比如我，上午去的时候就带个馒头或者玉米饼子，中午就着井水吃下去，一顿饭就对付下去了。那时老师发给我们的练习题，是先用铁笔刻写蜡纸，再用手推一页一页地油印出来，费时费工。

记得上初二时，一天下午放学后，物理老师让我们帮忙印练习题，等印完天已经非常黑了。做伴的同学已经早到家了，我只好摸着黑影，朝着家的方向走回去。一路上，要穿过北坦村到东关村，这一带都是居民区，倒没什么可怕的。但从东关到张史庄村，中间有大岗子和坟地，没有人烟，这段路走起来就比较瘆人。当时幸好遇到一辆拖拉机开过来，我就跟着拖拉机一路小跑，到了张史庄。

过了张史庄，到范家庄还要穿过一大片坟地。这是一片漆黑，静悄悄地一点声响也没有。这时候，突然听到一个声音紧紧伴随着我，我快它也快，我慢它也慢，我的心越收越紧，就跑了起来，可是声音也随着寸步不离。

终于，到了范家庄村口一户亮灯的人家门口。我连忙四下一看，身边什么也没有。只是不知道什么时候鞋底粘上了一片树叶子。那声音应该是树叶和地面摩擦发出来的。此时，我扑扑跳着的惊恐不安的心才慢慢安静下来。

直到今天，还经常在内心深处回忆起那种心有余悸的感受。

第二个故事，关于半张报纸。

十五岁时，我上初三。此前的我，只是一个孩童，整天无忧无虑。学习成绩在班里中等偏上，没有什么危机感、紧迫感。一天因为"内急"，我从班上偷偷"溜"出来，急匆匆跑向邮局（承安镇）旁边的一个厕所，半路上顺手捡了半张残缺的报纸，想着蹲在厕所里，可以随便看看，打发时间。

从这张报纸上，我具体看了谁的文章，看到哪些具体的内容，我如今已经记不清了。内容大概是介绍美国的情况，其中有这么一句话，"在美国，孩子长到十八岁，就不再花父母一分钱了"。我只清清楚楚记住了这句话。

美国究竟什么样，当时的我真不知道。美国的孩子十八岁开始不再花父母一分钱的事，我也不知道是真是假。但这句话对我触动很大。换句话说，是深深刺痛了我。

"我已经十五岁了，到十八岁不就是满打满算还有三年嘛，不花父母一分钱，我能不能做到，怎么做到……"于是，我满脑子里胡思乱想起来，想了好多好多。当然，这些胡思乱想，更多的也只是胡思乱想，毕竟才只有十五岁嘛。

不过，有一点还真的不是胡思乱想。因为我是家里的长子，从小就知道父母有多么不容易，如果真的我十八岁后不再花父母一分钱，那真的会减轻父母的压力。但我到十八岁不再花父母一分钱，我能不能做到？我当时就有了答案：我能，一定能！怎么办？考到好的学校去。怎么考？我的答案是：发奋学习。

这个答案就像一粒种子种在了我的心中，我努力向着这个目标前进，并形成了一种信念。

还是因为年轻的原因吧，我立刻有了"钻进书里"的冲动。当时能怎么办呢？能办的只有好好学习，考上一所中专学校或者师范学校，三年后参加工作，就真的可以实现不再花父母一分钱了。

就是这样一种朴实的想法，变成了我的一种信念，而这个信念也成了我的一种动力、一种约束力，并促使我养成了一种习惯——每天早上睁开眼看到窗外第一缕阳光时，就下意识地命令自己：马上学习、马上行动。这个习惯已经跟随我三十多年了，并不觉得自己累，反而觉得很庆幸。

从那以后，我真的像变了一个人似的，觉得浪费时间很羞愧，首先觉得对不起父母，还认为浪费时间就不能实现十八岁后不再花父母钱的愿望了。

随后的半年里，我把整个初中三年的课程全部系统温习一遍，成绩在日积月累中逐步提升，这种变化连我自己都感到意外。终于，我一路"斩关夺隘"，顺利考上河北省元氏师范学校（现名"石家庄学院元氏分院"），并在十八岁时如愿以偿地成为一名光荣的人民教师。

不经意间，一篇并不十分动听的文章，燃起了我的梦想。这个梦想给我插上了翅膀，成就了今天的我，我常感慨：半张报纸改变了我的命运！

后来，我的生活内容就成了做老师、当校长。自从进入东长寿学校工作后，"马上学习、马上行动"的习惯、"尊重眼前的人，做好手边的事"的执着成为我的人生理念。

第三个故事，中考的"意外"。

在三年初中的学习中，我的数学、物理、化学成绩特别突出，语文、政治等却是平平，时不时地，竟然还会在及格线上"挣扎"。可能是因为我不爱"背东西"的原因吧。总之，因为成绩差，感觉语文老师、政治老师好像不太喜欢我。

那年中考结束后的总结会上，因为语文老师参加了中考语文作文阅卷的工作，了解具体情况。当年的作文满分为50分，阅卷规定"评分超过45分的，必须最后读一遍，由全组人员共同打分为准"。

语文老师说："今年全县作文第一得了48分，我给大家介绍一下，这篇作文的开头是……第一件事是……第二件事是……"

我在台下接下"话头"继续说，第三件事是什么、结尾是什么……

语文老师很是惊讶，这是上午结束时才发生的，问我是怎么知道的。我高兴地说："这就是我写的作文。"

这篇全县得分第一的作文，直到今天我还能记得，题目是"×××的时候，我想到了雷锋叔叔"。

我的作文开头是"雷锋叔叔指引我成长……"，中间是"当遇到粪车怕脏不想推时……当不想吃的食物想扔掉时……当遇到困难想放弃时……"最后以"雷锋叔叔是我的指路明灯……"结尾。

三、师范青葱岁月

1986 年至 1989 年，我在河北元氏师范学校读书。

这是我第一次独自出远门，二百多里地，中间需要倒两次车，经过一天的奔波，终于到了学校。

完成报到手续，顺利找到班级，走进教室一看，已经很多同学都到了。按照男生、女生排队排桌，我在男生中个头最小，自然也就坐在第一排了。

考上师范学校后我才知道真是幸福！首先是每月发的菜票为 9 元 7 角 5 分，粮票是 30 斤。合计一下，如果不再补贴伙食费的话，需要三人两份菜。于是我和同宿舍的崔铁牛、张颖智三人"结对合餐"三年。在这三年里，我成为学校美术社团的社长，崔铁牛成为闻名校园内外的诗人，张颖智成为笛子高手，同学们戏称我们为"三剑客"。

虽然说当年的师范教育没有完善的课程体系，但对于农村全科教师的培养还是非常成功的，应该也是今天支撑农村基础教育的关键因素和中坚力量之一。

为什么说成功呢？以我自己为例吧。

在刚入师范的时候，学校举办所有学科的全校级比赛，我一举获得数学、物理、化学三科冠军，为班集体赢得三张奖状。

因为早自习、晚自习的时间充裕，我依旧保持着初三养成的习惯——每天早上睁开眼看到窗外第一缕阳光时，就下意识地命令自己：马上学习、马上行动。就这样，入学不到一个月，已经自学了一遍学年里的所有理科课程，包括课本上布置的课后作业也全部完成，并一一写下解题过程及答案。我的老师很惊讶，误认为我是读完高中后才考的师范。

入学仅三个月，在这个习惯的影响下，我已经把整个学年的所有课程全部自学了一遍，并完成了课本上的所有课后作业。无论是同学，还是老师，都对小个头的我刮目相看。

还是因为这个习惯，我"挤"出了比其他同学充裕的时间，可以按照学校所倡导的"多学才艺"，去学学我感兴趣的美术、书法等，也更有时间去参加学校组织的校内外社团活动、社会活动。

我个子最小，就结合自身兴趣和特点，报了美术兴趣小组。由于用心用功，加上适应能力、组织能力、沟通能力得到了更多锻炼，半年后，我就被推选为美术社社长，开始组织开展全校师生的美术展览、美术比赛等活动。

毕业的时候，校长竟然主动找到了我，希望我能留校教美术。这真是一份令我喜出望外、激动不已的"毕业礼物"！

不过当时的我更愿意到偏远地区农村中小学去当一名教师。校长了解到我的想法后，也是特别高兴、特别支持，鼓励我"要当一名好老师"。这种鼓励所传递的爱与力量，让我面对即将开启的从教生涯勇气倍增。

四、教书育人"头十年"

教师是平凡而伟大的职业，教育是奉献而幸福的事业。

我一心想到偏远地区农村中小学去当一名教师，当县里就工作分配征求我的意见时，我主动要求"到最偏远贫穷的地方去"。就这样，我被分配到了石家庄市与保定市交界的杜固乡中学。从1989年到1999年，我在杜固乡中学度过了教师生涯中的第一个十年。

记得1989年在杜固乡中学报到时，校长问我有什么特长，我回答"数、理、化，音、体、美，都行"。可校长说学校只缺语文老师，没办法，我只能硬着头皮上这门课！

在第一节语文课上，我示范读课文就读错了字，并被学生当堂提了出来，羞得我脸红得无地自容。一见我脸红的样子，学生们就更兴奋了。

我知道自己语文底子薄，索性敞开了，直接跟全班学生说："我语文成绩确实不好，借此机会刚好与大家一起学习、补习，在我读课文时，如果有错一定要及时当面指出。"我还和学生们达成约定"每天提前到学校，一起背字典"。

在接下来的一年里，我随身带本《新华字典》，随时"死记硬背"，字典翻烂了三本。预期的"收获"自然圆满，学生们的语文成绩由第一次考试落后平均分20多分，竟然"反超"20多分。这一届的学生直到今天还跟以前上学一样与我有着紧密联系，三十五年来没有间断。

与此同时，为了提高学生的作文水平，每次习作批改完成后，我都将班里写得最好的一篇或若干篇学生作文给刻印出来，发给全班学生，人手一份，具体讲评。这样的教学效果特别好，学生习作水平提升也特别明显。后来，其他班级语文老师、班主任发现后，纷纷要求每期多刻印一些，分发年级各班，这个影响越来越大。在校长的支持下，这份油印的"班报"进一步"升级"成为"校报"，还专门为"校报"的创办配备了一台当时罕有的打字机。

三年后，在石家庄组织的全市"校报"评比中，"杜固乡中学校报"荣获二等奖，为新乐县争了光，还奖励了县教育局 200 元奖金。当时我的月工资是 76 元。

为了给同学们提供更多的成长平台，我与另外两位志同道合的同事成立了音乐、体育、美术课外兴趣小组，三年后，全县音体美方面的特长生约有一半是杜固乡中学考上的，在学校还召开了全县素质教育现场会。

就这样，我从一名普通教师做起，不断成长，先后担任（兼任）过杜固乡少先队总辅导员、中心校政工员、食堂管理员、团总支书记等职务。按照组织安排，1999 年，我调离了杜固乡中学。

五、抓实评价"指挥棒"

1999 年至 2000 年期间，我调入承安中心校担任普教校长。

承安中心校的普教校长主要负责普通教育教学管理，包括 3 所中学、29 所小学、31 所幼儿园，学生 3 万余名、教师 675 名。

我在现场听课、备课交流、学科教研、成绩分析中，逐渐发现学校管理水平、教育教学质量等方面存在着严重不平衡的现象和问题，于是我着手制订考核评定细则，并利用两个月的暑假时间，组织了中小学30多位教导主任对中心校的全体教职员工从德、能、勤、绩等方面重新考核考评，进行公开、公正、公平、全面的积分排名。

这次考核评定细则的制定，一方面让全体教导主任在参与制订的过程中全面深入地了解了考核的内容、体系、范围、指标、细则等，掌握了教育教学科学管理、科学评价的方法，另一方面通过积分排名与分析，让各学校更加清楚地看到自己的优劣高低。

这次考核评定细则的制定与落实，受到了各中小学校的欢迎和支持，特别是在调动全体教职员工的工作积极性方面，起到了很大作用。

即使在我离开后的若干年里，承安中心校的评先选优还在参照这次考核结果。

2000年，按照组织安排，在完成这次考核评定细则的制定后，我再次调任赤支中学任初三班主任兼语文教师。

六、扬校风淳乡风

2000年，我调任赤支中学任初三班主任兼语文教师，送这届学生毕业后，2001年秋季，学校任命我为思政处主任。

记得上任的第一天，召开全体学生大会，我郑重宣布："十年改变赤支乡风。"因为我清楚地知道，三年初中生活，正是孩子树立正确世界观、人生观、价值观的关键期。全乡的初中学生都在这里，十年后，成长为十五至二十五岁的青年，全都是从赤支中学走出去的毕业生，他们将是这个区域的社会主流，而这个区域的社会风气也将会由他们主导，因他们而改变。

2001年时的广袤农村大地，改革开放的成果刚刚显现，农民在经济上有了较多的自由支配的资金，在思想上刚刚开放，还没有找到与之匹配的文明准则，正是物质文明迅速发展而精神文明还没有着落的阶段。新的社会风气与旧的传统习俗在强烈对碰中相互影响、相互改变，而自由主义思潮也乘虚而入，影响着青年。经过深入广泛地调查研究，我撰写了《当前农村中学生思想状况调查》一文，并有针对性地展开了一系列的思想教育活动，赤支中学的教风、学风、校风迅速好转，教育教学质量也迅速提升。

略有遗憾的是，我未能在赤支中学实现扎根十年的想法。2004年，我调任马头甫乡北齐同小学担任校长。

七、在村小里推动全员素质教育

来到北齐同小学，才知道这里有10位老师、200名学生，设置有幼儿园小、中、大三个班和小学六个年级各一个班，九名"包班"班主任加一名教导主任，教导主任也兼任部分学科教学。

来到学校后，我首先进行了三项调研：即通过调研教师了解教学现状，通过调研学生了解学习现状，通过调研家长了解家长需求。在调研的基础上，进一步形成了"三周三点三部曲"和"两无四定一参与"的新办学计划。

"三周"：即需要完成到任后的第一部分任务的具体时间为三周，第一周落实三个具体小活动，第二周落实全员素质教育模式，第三周对校园进行全面"净美"。

第一周"三点"：需要完成的三项具体活动，一是放学列队唱歌回家，学校坐落在村子的最北端中心大街东，村子只有一条南北中心大街，从学校大门出发一路向南，走到自己家的那一排再离开队伍回家；二是"出必告、返必面"，学生到家后把书包放在固定的位置，告诉家长到哪里去，和谁在一起玩什么，大约需要多少时间，回到家后当面向家长报告"到家了"。三是统一安排一次为父母洗脚活动，让浓浓的亲情在洗脚中交融升华。

第二周"模式"："两无四定一参与"。"两无"指"无一名学生没有特长小组学习、无一名教师没有兴趣小组指导"；所有兴趣特长小组需要做到"四定"：即"一定"社团活动阵地，"二定"社团特长培养目标，"三定"活动指导教师，"四定"社团成员名单；"一参与"指"让家长与孩子一道来学校共同商议想学习的社团"，后来演变为"每学年开学第一周为家长参与体验的兴趣特长选课周"。

第三周"净美"：利用"十一"长假，将学校进行区域划分，明确到每一个人，在没有资金支持的情况下，对陈旧破败的校舍进行全面"净美"。我买来油漆，和老师们对所有门窗和墙壁进行粉刷；我亲自设计校徽并画在唯一的教学楼中厅正门之上，在粉刷的墙壁上亲自书写励志标语；我和老师们一起将校园垃圾进行深埋并"抬升"操场深坑、一起对校园进行分区并标明功能……

虽然教师少，但在劳动的过程中，老教师的孩子们来了，青年女教师的丈夫和公公来了，学校近临的学生家长来了……一个小小的校园里，到处都是挥汗如雨的人们和兴高采烈的笑声。经过"十一"长假的努力，北齐同小学的面貌焕然一新。

学习习惯养成、孝道训练、特长培养等工作迅速在北齐同村引起强烈反响，校风、学风、教风迅速发生转变，教学成绩也在 2005 年升级测试中取得全学区第一名的好成绩。

2005 年暑假，与北齐同村相隔一条木刀沟的南齐同村的 100 多名小学生和幼儿园学生，慕名自发地转到了北齐同小学上学。

这是一个"转型"的时期，全国在倡导布局调整，个别地方在撤并乡村小学校的过程中，引发了一些矛盾和问题，成为教育热点。根据北齐同小学的发展实际，我进一步坚定了"乡村办优质教育，应该让布局调整自然过渡、顺应民意"的想法，撰写《自然法则下的布局调整》一文。

在 2005 年的"省检"中，时任国家督学马长庚同志对学校"两无四定一参与"全员素质教育模式给予了充分肯定，并建议新乐市委、市政府以召开现场会的方式在全市进行推广。根据马长庚同志的建议，2006 年 3 月，新乐市素质教育现场会在北齐同小学胜利召开。

2006 年 4 月，按照组织安排，我又被调到位于新乐市区中心位置的东长寿学校担任校长。

八、为百年老校守"老"创"新"

据《新乐教育志》记载，东长寿学校始建于 1913 年 3 月，校址在东长寿村玉真寺。玉真寺俗称南大寺，遂名为南校。学校初期只招收男生，设一至四年级，复式班教学，学校规模有限。

2012 年，东长寿村民房路群改建房屋时，挖掘出一通带有文字的石碑。这通石碑经受风雨侵蚀，部分碑文字迹斑驳，但是正面的篆书碑文依然清晰可辨。

经新乐市文保所原所长相振稳鉴定：石碑通体为四方椎体，碑阴有阳刻小篆，立碑时间为民国二十九年七月，也就是 1940 年 7 月；碑的正面刻有"新乐市立长寿完全小学建筑落成纪念碑"，两侧刻有建校的捐资人姓名和捐资金额；碑阴中记载了长寿初小初建于 1913 年。

接到村民赠送的这通石碑，我当时心里感慨万千："这通石碑不仅是日本侵华战争的一个真实罪证，同时也从侧面印证了《新乐教育志》记载的可靠性，也反映了学校的历史变迁。"

机缘巧合的是，2012 年，即将进入我上任后提出的东长寿学校"十年发展规划"（2006—2016）中的第三个"三年规划"里的"定位年"（2012—2013）。

计划里 2012—2013 年的"定位年"，其本意是指，"通过前两个'三年规划'发展，在师生整体素质全面提升的基础上，对学校工作进行精细化职责目标界定，让师生有一个全方位合理的自我评价体系，学生从多方位给自己定位，教师从综合绩效考量定位，形成符合本校实际的具有可操作性的整套定位机制"。

石碑的意外出现，进一步印证了东长寿学校的百年历史，这对我们全校师生来说，对学校发展的"定位年"来说，是一件大事情！

也许这真是冥冥之中自有天意！

2006 年 4 月，调任东长寿学校校长的任命宣布后，我就着手对学校进行了为期一周的全面深入调研，形成了学校"十年发展规划（2006—2016）"，并在上任后的第一次全体教职员工大会上，将规划发给大家，征求全体教职员工的意见。

"十年发展规划"的总目标是"办成老百姓身边的好学校，让家长主动送孩子来上学"。记得当时在学校班子会上提出这个目标时，好几位成员有些担心，甚至认为"这真是天方夜谭啊"。

校内统一认识、形成规划并上报学区后，学区领导其实对东长寿学校这个"十年发展规划"心里也没底，甚至认为"十年规划"的第一个"三年规划"（也叫"三色规划"），一年"起色"、两年"特色"、三年"出色"，实现这个目标是没有希望的。

但东长寿学校发展的实际与实绩让所有人吃惊不已。三年后，学校的社会形象迅速转变，慕名而来的学生逐年增加。因为没有学位，甚至有数百学生开始到市委、市政府"请愿"。学校因此不得不开始扩招，就学人数也由数百人迅速增长到6000多人，形成了100多人的"超大班"，所有能用的地方都成了教室，仍然不能满足。

面对这样的情况，老师们的工作量大了，却都是辛苦并快乐着，因为学生的到来，赢得了工作的尊严。

2016年，石家庄市教育局在东长寿学校组织现场会推广学校办学和发展的经验，东长寿学校的办学成绩再次获得上级领导的关注和认可。至此，第一个"十年发展规划"画上了一个圆满的句号。

东长寿学校"十年发展规划"（2006-2016）简表

三年规划	主题	学年度	年度主题	具体目标
2006–2009	外树形象	2006-2007	一年起色	建设团结协作、富有创新精神和具有强大吸引力、凝聚力、向心力的领导班子团队；强化中学部管理，狠抓教学质量；在小学部开展丰富多彩的活动；让社区市民了解学校变化，对学校产生信心。
		2007-2008	两年特色	以书法活动小组为龙头的艺术教育特色，以心理维护中心为依托的心理健康教育特色，以主题文化长廊为核心的环境育人特色；以三个特色为平台，寻求学校特色建设的成功之路。
		2008-2009	三年出色	通过两年努力，让学校在教育教学质量、学校管理、校园文化建设等方面成为全市出色学校。
2009–2012	内强素质	2009-2010	教研年	组织全体教师进行教育科研，通过全员参与的教育科研来提高教师的业务能力和水平。
		2010-2011	争位年	鼓励教师参与教学权威的争位活动，努力让青年教师均成长为东长寿学校乃至市里的教学骨干和业务能手，每个学科均培养一名学科带头人。
		2011-2012	名师年	学名著，看名师授课录像，学名师优秀品质、渊博学识、扎实功底、高远艺术，向名师看齐，培养东长寿学校的名师乃至市级、省级、国家级的名师。

（续上表）

2012 － 2015	全面 发展	2012-2013	定位年	在师生整体素质全面提升的基础上，对学校工作进行精细化职责目标界定，让师生在全方位有一个合理的自我评价体系，学生从多方位给自己定位，教师从综合绩效考量定位，形成符合本校实际的具有可操作性的整套定位机制。
		2013-2014	落实年	通过规范实现具有生命力的发展，通过落实验证整套定位机制的可行性并及时修正。
		2014-2015	精细年	从每一个细节入手，用文字表述出来，将东长寿学校建设成以人为本的学校、学习研究型的学校、团结协作的学校、环境育人的学校、人人自愿为大家庭付出的学校，基本形成浓厚而端正的校风、教风、学风，博学、修德、健康、和谐成为师生精神、学校精神。
2016	评定	2015-2016	宣传年	社会在发展，需求在更新，好学校要走在社会需求的前列，为社会发展提供价值，对学校发展及时定位。同时宣传学校，塑造良好社会形象。

　　看到老师们的笑脸、学生们的快乐、家长们的满意，我知道，新的目标还在明天，于是又制订了第二个"十年发展规划"，即2016年至2026年。

　　新乐市领导十分关注支持东长寿学校，逐步实现和落实政策和资金。就这样，学校于 2018 年改扩建教学楼一栋，2023 年改扩建综合实验楼一栋，校园进行全面改造，整体硬件设施水平和办学条件得到了根本好转。

东长寿学校"十年发展规划"（2016-2026）简表

三年规划	主题	学年度	具体目标
2016－2019	基础设施建设	2016-2017	教学楼、功能室建设。阅览体系、特色活动建设，校本及阅读课程开发。
		2017-2018	宿舍公寓化，食堂社会化，餐厅标准化，校本及阅读课程开发。
		2018-2019	建设常态培训设施、打造阅读学校特征、培养教育专家团队、学校特色展示资料及校本课程开发。
2019－2022	打造省级示范性学校	2019-2020	课堂教学开发初具雏形、中考成绩优势显现。
		2020-2021	教育艺术高手形成团队、名师培养优势显现。
		2021-2022	课堂教育理论基本形成、省级名校地位显现。
2022－2025	打造国家级示范性学校	2022-2023	办学理论基本成熟
		2023-2024	推广专家团队形成
		2024-2025	规范科学高效民主
2025－2026	总结起步年	2025-2026	创建国际化学校起步

在百年未有之大变局这个伟大的时代，我们不能停下脚步，一直在路上，走在科技强国、教育强国、人才强

国的路上。

我已经在东长寿学校工作生活 17 年了，其间发生的故事数不胜数，在这些故事中，有辛酸汗水和泪水，也有光环和荣耀。今天看来，所有的付出都是值得的，也是幸福的！我和我的伙伴们在前进的道路上，一直没有停下过脚步！我作为一名教育战线上的普通教师，能够和大家一起为这所百年老校守"老"创"新"，这是我的荣幸！而东长寿学校给予我的，远远不止感动与幸福，更是我思考"DCS教育论"的源头活水！

县域基础教育变革发展的思考

我们要坚持教育优先发展、科技自立自强、人才引领驱动，加快建设教育强国、科技强国、人才强国，坚持为党育人、为国育才，全面提高人才自主培养质量，着力造就拔尖创新人才，聚天下英才而用之。

——摘自中共二十大报告

县域基础教育变革发展的思考

一、DCS 教育释义

DCS 教育，这个命名很特别。之所以如此命名，与一个小县城一所学校的办学历程有关，正是在这所学校的成长与发展中，沉淀并生成了对学校教育变革的"具身"思考和实践反思，才形成了 DCS 教育的称谓。

这所学校就是新乐市东长寿学校，DCS 是"东长寿"三个中文汉字拼音的首字母，DCS 教育就是在东长寿学校办学历程与探索中形成的、对学校变革的尝试思考，也是对一所县域学校如何在各种条件与资源都不尽如人意的条件下，如何突破重重限制办一所高质量的学校、办一所老百姓家门口的好学校以及如何着眼于未来实现县域学校的高质量发展，在教育强国的宏大蓝图中找到自己的定位与存在的价值。所有这些思考与探索，就凝结形成了关于"DCS教育"的认识，具体而言，DCS有如下基本内涵。

"D"有六个层面的含义。

其一，"D"既"懂"。学校变革之道，既要懂道理，也要懂方法，更要懂轻重缓急。就国家课程标准而言，"D"是教师必须首先要"懂"国家课程标准，要真正"吃透"课标。课程具有普适性、规范性、指导性，在课程实施中，需要全面扎实、不折不扣地将课标落实到教学过程中，学校课程实施必须要完成好这些标准。学校是传播知识的场所，达不到常规的课标课程教学，教书育人的基本任务目标就没有完成。就学生学习结果来看，"D"是学生学习要真正"懂"知识。弄懂学会，会做题更懂得应用，懂是什么，更要懂为什么，最终要懂得如何办。

其二，"D"即"动"。一方面，学校各项改革的基础和前提就是"动"，调动各种人力物力，发动更多人共同思考，改动学校传统办学中的旧方法、旧路子、旧习惯、旧风气。另一方面，就是全员行动，学校里的每个人都要"动"起来，主动地迎接各种各样的变动、改动，主动地参与其中。在学校办学中，还要积极号召广大师生"动"起来，欢迎各种各样的有利于学校改进的"动",并懂得如何"动",如何"动"而不乱,"动"而有序,让学校各项井井有条,充满工作激情,成为一所有动力、有活力的学校。

其三,"D"即"德"。学校教育以及教学改革的最终目标是实现学生"德智体美劳"全面发展。五育并育,德育为先。学校培养人,德育放在第一位。在应试教育中,重才轻德,违背国家的教育方针,背离社会主义教育的价值导向,办学校绝对不能这么来办。

其四,"D"即"得"。学校教育教学的改革,是要让每一名师生受益,每一名师生都能得到发展和收获。改有所得,师生要得到学校变革发展带来的"红利"。学校通过改革得到发展,教师和学生要通过改革得到发展,家长要通过改革得到孩子的健康成长。

其五,"D"即"道"。学校教育变革必须要尊重育人之"道",尊重学校发展之"道",更要遵守党和国家教育政策法规之"道"。办一所成功的学校,不能走"邪道",不能"掐尖",不能搞"市场化"那一套,要走一条合规、合法、合育人规律的办学之"道"。

其六,"D"即"到",到是"达到"的意思。所有的学校变革,不是为了改革而改革,不是形式主义的改革,不是表面的、表层的改革,而是有着清晰目标的改革,所有参与学校变革的人，包括学校、家长、学生，都要非常清楚明白通过推进改革、参与改革，最终要"达到"的目标和方向。当然，要想达到目标，必须先做到前面的"懂、得、道"，前三个做到了，最后的"到"也是水到渠成的事情。

"C"有四个层面的内涵。

其一，"C"即"长"，长远长久之"长"。教育是为了孩子终身的幸福，不争一时之长。在改革过程中，学生、家长和教师共同在体验、感悟、尝试、发现，通过学习理论指导、个人学业能力评价、学生生涯发展规划等综合性因素分析，寻找到每一个学生的最优发展区和潜力，针对性地制定个性化的培养方案，建立适合学生自身发展的教育成长档案。

其二，"C"即"长"，一技之长的"长"。学校的每一名教师和学生都应有自己的一技之长。社会发展到今天，成才的评价标准正在随着时代的发展而发生着变化，拥有一技之长，做自己喜欢的事情，将自己最擅长的事情做到极致，能够领先，有所创新，为社会做出个人最大的贡献，这都是人才的基本表现。依据多元智能理论，帮助学生找到发现自身高智能素质因素，并通过有价值的学校教育，让每一名学生都拥有一生中有价值的一技之长。以高年级带低年级、特长生带入门生的方式，学校从选择方向人数较多的社团里聘任"特长小教授"，颁发证书，推行"生教生、共提升"的传帮带作用。特长生在传授的过程中，会进行再系统、再梳理、再提升，从自身特长转化提升一个能够输出的师资层次。进入校级综合长期性特长生培养社团，实现每一名毕业生至少有一个特长的育人目标；能够在一生中以一技之长赖以生存、滋养生命、丰富生活。

其三，"C"即"成"，成功成才的"成"。学校要坚持"先成人后成才"的教育理念。每位教师需要提升自己的职业成就感，"做成一件事，成就一个人。"教师育人能力提升了，学校的改革才会成功；孩子成长了，学校的教育就会成功。

其四，"C"即"促"，促进促成之"促"。人的一生时间很短，学校育人看似漫长，其实时光如梭，不经意间，学生就长大毕业了。所以，学校各项工作不能"等靠要"，要有一种做事的急迫感。跟上学校各项改革的节奏，共同协作，追求改革的成功，促成学校的发展。

由上述"C"的四个层面的含义，我们已将"C"概括为"促成长"。

"S"的解读有五个层面的含义。

其一，"S"即"授"与"受"，一方面指教师的传授、教授、实践、输出，一方面指学生的接受、享受、受用。学校教育变革的主要目标，是要首先理清楚发生在学校日常中的这种授受关系，找到一条合适的授受途径。培养学生生存、立足于社会的技能，受用一生的技能，受用一生的爱好，受用一生的一技之长。比如太极，可伴随一生的强身健体的高雅运动项目，又如书法，可伴随一生也可维持生存的技能。授受即得，享用一生。这是学校教育的重要追求。

其二，"S"即"试"，尝试之试。所有的学校变革都是一种试验、一种尝试。学校任何改革总会遇到各种各样的困难，有了困难不可怕，用力克服就是了。参与学校变革的所有教师都需要大胆尝试，勇于创新。不怕失败跌倒摔跟头，不怕艰难困苦，改革总需要一种敢作敢为、敢尝敢试的精神。

其三，"S"即"舍"，舍弃舍得之"舍"。任何一项改革，就其本义来看，肯定会触及一些人的原有利益，改革也会改变某些人已经习惯的做法。但是，一部学校发展史就是一部学校变革史，改革势在必行。如果学校不改变，时代会改变学校处境，会使学校被动存在。所以学校变革需要谋在前面，改在前面，动在前面。改革之道，没有舍就没有得，立足现实，更要着眼于未来，学校变革才能走出一条金光大道。

其三，"S"即"实"，落实扎实务实之"实"。所有的改革规划和方案，关键在落实，只有扎扎实实地做，以务实的态度去做工作，才能收到应有的效果。教育本身就是一项实实在在的工作。每一项改革预案都要落实到人，都需要每一个孩子和教师付出实实在在的行动，这样的学校变革才能成功。

其四，"S"即"赏"，赏识奖赏之"赏"。学校变革是让每一名师生从中受益，参与改革时付出，会收获教育改革成效的回报。学校变革成功之道，在于制订相应的奖惩措施，这也是基本的学校管理哲学。改革成功者会得到学校的奖赏，更会得到来自家长和学生的获得感，让每一名改革参与者都能在改革之中获得教书育人的自豪感，是学校变革的必然追求之一。

总之，四个层面的"S"，可概括为"实受赏"。这是学校变革需要坚持的原则之一，做到这一点，学校的变革才是成为实实在在的，对学校发展有利、对学生有利、对社会有利的变革。

除了上述有关 DCS 学校教育变革与发展内涵的基本阐释外，我们又提出了"1+DCS+1"的学校变革之路，前面的"1"是基础、是前提、是根本、是起跑线；后面的"1"代表教改的目标和成果，是终点线。其基本要义如下：

前"1"，指高质量落实和实施国家新课程。这是进行系统性学校变革的基础，是这个时代和国家交给每一所学校的教育责任。学校无论组织什么样的活动，研发什么样的校本教材，始终要立足于这个"1"。区域社会的学校，要结合乡土文化和学校现状，稳步推进，形成科学而完善的课程与教学规划，确保教育教学任务优质高效完成。

后"1"，是学校课程改革的方向和目标，是学校师生共同成长的结果。代表学校教改的目标及实现的成绩。其中学生的全面成长和核心素养的全方位提高最重要。今天，学校的课程改革要全面贯彻和落实党和国家有关教育发展的政策和精神。比如"双减"政策，"双减"作为国家意志，必须落实好，既要减负又须增效。最佳体现的是书面作业的完成，一是在书面作业设计中渗透核心素养，二是在校内完成书面作业，不将作业带出学校，不给家长和学生造成作业负担。

二、DCS 教育变革之源

一所学校如何才能真正实现发展，成为区域社会的好学校？回答这个问题，既要有学校自身现实处境和挑战的考量，更要包含对学校自身发展内涵的正确理解和定位。变革是学校发展的另一种称谓，变革是学校自主发展的必由之路，但改什么，如何改，如何确保改革成功，这是学校变革之初需要认真思考和回答的问题。

我们认为，从一所学校自身发展来看，所有学校内部的改革，其最真实、最务实、最现实的追求，应在不额外增加教师时间与精力负担，不影响教师教学和学生学习成绩的前提下，科学提高学生学业成绩，提高课堂教学的效率，向45分钟要质量，学生作业课堂内完成，不需要带出课堂、带出学校。用一句话概括，学校内部变革不能为了变革而变革，而是要最终实现教师高效教，学生高效学。

当前，学校发展要立足学校自身办学条件，通过扎扎实实地推进"双减"政策落地，高质量地提供课后延时服务，抓好学生强身健体工作，注重高水平的特长培养，将具有学校特色的校本课程真正落实到学校育人工作中，在提升师生核心素养的同时，着力于减轻学科类教师的工作时间和工作压力，这是高质量办学的基本要求。

就学校的每一个岗位来说，能够进行统一、公正、公平、公开的考评激励，全体成员均能够发挥各自的长处，都拥有展示才华的平台和机会，让丰盈的归属感、获得感充实每一名教职工的学习、工作和生活，让每一名教职工都能够体验到职业幸福感，这是学校发展本分和前提。

当然，优质学校发展是以高素质教师队伍为基础的，离不开每一名教师的全力支持。全体教师学习、认同学校变革相关理论，支持并参与学校变革实践之中，是学校变革成功的前提和保障。

那么，今天的学校为什么必须变革，只有变革才是学校生存与发展的唯一选择？我们认为，就现实情况来看，主要有以下几个方面的原因。

首先，随着老龄化社会的到来，新生人口将越来越少，不久将来，适龄入学的学生人数将逐年减少，学校有可能招不够学生，学校与学校之间的生源竞争日益突出。学校发展的根本在于适量的学生，学校没有了学生，学校也就没有存在的意义。因此，学校要发展要生存，必须依靠优质教学质量和老百姓的口碑，而实现这一目标，学校唯有改革。

其次，在新时代宏观背景下，学校变革势在必行。教育作为国家公益事业，将会进行"三全育人"改革进行到底，"双减"政策更是切断校外辅导、培训等畸形教育利益链条，回应人民群众对优质教育和公平高质量教育的期盼，增加人民群众的教育获得感、幸福感。学校不改革，还在老路上发展，学校是没有出路的。

其三，长期以来，"领先一步、追求卓越"是东长寿学校发展的理念和追求。过去二十年里，学校的教育创新一直走在区域社会学校前列，并多次荣获各种奖励，学校开设了中医药、书法、博悟、太极、心理等诸多具有育人特色的校本课程，并取得良好的育人效果，得到了社会的广泛认可，引起家长和师生的普遍重视。2019年，石家庄市设立首批十大名校长工作室，东长寿学校名校长工作室位列其中，负责正定、赵县、深泽、新乐、灵寿等五县市骨干学校的教科研引领工作。学校的影响与地位，使这所学校需要不断自我超越，这也是学校尝试进行自我变革与创新的重要原因。

第四，从区域层次格局来看，由小到大，在村、乡、县、石、京乃至更大区域格局的影响下，学校变革势在必行。

——目前的事实，我们已经看到的是村里不缺的是新教学楼，缺的是学生。

——因为生源的减少，合并调整一直在进行中，一个乡已经没有几所规模学校了，学校数量的减少已经提上日程表。

——就新乐市而言，目前一届9000人，三年后6000人，六年后3000人，这是户籍显示的具体而真实的情况。教室有了，书桌有了，课本免费了，师资有了，但生源迅速减少，目前的优质学校已经可以满足几乎所有适龄儿童的学位需求，我们还能干什么？

——省会也因为目前教育资源的丰富，生源人数的减少，已经有充足的教育空间来满足县域优秀的有能力、有实力、有需求的家庭的教育需要，学生通过迁移，可以到石家庄市就读，县里的优秀生源还会减少。

——今天交通极其便利，自驾车三个小时，乘高铁一个小时，就能到达首都北京及其周边或者郊区，随着交通能力的提升，进京非常便利。北京作为一个强大国家的首善之地，教育资源丰富而优质，它对高精尖人才具有强大的吸引力。我们应该清醒地认识到，这些高精尖的教育资源一定会发挥作用，一定会将全国有这方面智能、某方面能力的孩子们吸收到首都的好学校去培养，尤其是我们这些距离近、交通便利的新乐，去首都学习也会成为重要选择。

新的教育格局，将成为新时代教育的新形态，县管校聘将会成为自己的事情自己做、自己的成绩社会认的格局，学校不改革没有出路，只有改革，学校才能有出路！

三、DCS 教育变革之因

一部教育改革史，就是一部学校发展史。学校在自身发展中，既享受了教育改革的红利，也会因教育改革而产生发展的"困扰"。学校如果不能深层次理解和洞察每次改革背后的现实逻辑，就会陷入改革的被动适应中，整天"忙于应付"，不仅折腾不出什么效果，还会让学校生活的师生疲惫不堪。长此以往，教师们对教育改革形成了固化的惰性认识，从行为上也产生了相当的抵制力。我们常会看到，每一次新的改革之初，总有教师会认为这一次改革也跟以往一样，只不过是修修补补，小打小闹，甚至又是走过场、喊口号。这样的认知状态下，学校变革难上加难。

今天，中国教育处于推动教育高质量发展、建设教育强国的重要时期，这一次推进的系统性、全面性教育改革，学校要有充分的心理准备，必须高度重视。因为，在"百年未有之大变局"的历史节点上，我国的教育正在发生着重大改变，首当其冲的，就是学校要真真切切地发展改变。

中共二十大报告中关于中国未来教育的阐释：

1. 我们要坚持教育优先发展、科技自立自强、人才引领驱动，加快建设教育强国、科技强国、人才强国，坚持为党育人、为国育才，全面提高人才自主培养质量，着力造就拔尖创新人才，聚天下英才而用之。

2. 办好人民满意的教育。教育是国之大计、党之大计。培养什么人、怎样培养人、为谁培养人是教育的根本问题。育人的根本在于立德。全面贯彻党的教育方针，落实立德树人根本任务，培养德智体美劳全面发展的社会主义建设者和接班人。坚持以人民为中心发展教育，加快建设高质量教育体系，发展素质教育，促进教育公平。

3. 深入实施人才强国战略……坚持党管人才原则，坚持尊重劳动、尊重知识、尊重人才、尊重创造，实施更加积极、更加开放、更加有效的人才政策，引导广大人才爱党报国、敬业奉献、服务人民。完善人才战略布局，坚持各方面人才一起抓，建设规模宏大、结构合理、素质优良的人才队伍。

4. 全面建设社会主义现代化国家，必须坚持中国特色社会主义文化发展道路，增强文化自信，围绕举旗帜、聚民心、育新人、兴文化、展形象建设社会主义文化强国……

5. 广泛践行社会主义核心价值观……弘扬以伟大建党精神为源头的中国共产党人精神谱系，用好红色资源，深入开展社会主义核心价值观宣传教育，深化爱国主义、集体主义、社会主义教育，着力培养担当民族复兴大任的时代新人。

对于这些论述，作为一所基础教育学校，应该如何理解和指导学校发展，或者说抓住哪些要点、亮点，才能让我们对今后的教育教学改革有一个更为明确的思路呢？

我们会发现，中共二十大报告指出了对未来教育改革的基本思路，指明了教育发展的方向，找准了未来中国教育需要着力解决的问题。

1. 强调教育重要，"深化教育领域综合改革"势在必行。

明确指出了教育在社会主义现代化强国建设和中华民族伟大复兴征程中的重要使命，在我们面临经济发展转型、"高端科技"卡脖子等问题背景下，强调了科教兴国和人才强国的重要意义。换一句话说，教育改革必须进行，而且必须进行深入综合性改革。

2. 加快建设高质量教育体系，办人民教育满意的教育。

重点推进优质均衡发展和城乡一体化优化区域教育资源的配置。以往我们有一种怠惰思想，就是在教育城乡一体化和区域教育资源的配置方面，我们总把自己看作是弱势群体。其实我们是两极中的一极，我们完全有理由有能力在这一次深化教育改革当中发挥自己的作用，做出自己的成绩。

3. 加强基础学科、新兴学科、交叉学科建设。

我们以往的改革总是在教学方法上着力，从来没有在什么学科建设方面下功夫。所谓广阔天地，大有作为。在学科交叉、新学科建设方面，我们的资源要比城市更为丰厚。

4. 推进教育数字化。

把教育数字化建设与学习社会建设联系起来，这就意味着国家将进一步发展面向全社会的教育智慧平台。要赢得教育公平，互联网是一个捷径，因为它本身就是一个平台，可以让所有的人展示自己的能力。

5. 强调加强师德师风的建设，培养高素质教师队伍。

一支高素质的教师队伍，最重要的是要看他是不是明白为什么教书？带着一个什么样的心态和能力去教书？说白了一句话就是他具备不具备高尚的师德？在这个问题上，我们有过成功的经验，但是今后要更细化。

6. 发挥学校家庭社会教育合力作用，提出健全学校家庭社会育人机制。

家校合育一直是我们倡导的治校理念。但是还没有形成一种家庭社会学校全面有效的育人机制

7. 劳动教育十年来第一次写进了党代会的报告。

中共二十大报告明确提出了要落实立德树人的根本任务，培养德智体美劳全面发展社会主义建设者和接班人。

8. 加大国家通用语言文字推广力度。

语文是所有学科的基础，现在又加了一条：对加强民族团结和凝聚力具有特别重要的作用。我们应该有信心、有能力在语言教学方面做出我们自己应有的贡献。

9. 完善学校管理和教育评价体系。

我们已经是一所好学校，但是我们还不是"理想的学校"，更是离国家期望中的"好学校"相去甚远。我们的教育评价体系必须要改变！什么样的教师才是好教师？什么样的学生才是好学生？什么样的行为该表彰？都是这一次改革当中的最重要的方向和内容。

10. 推动理想信念教育常态化制度化，推进大中小学思想政治教育一体化建设。

思想政治教育一体化，是一个新提法。政治课，既是人文学科更是自然科学课的灵魂。不论文科理科，所有的学科都要有一种科学理念和思想意识贯穿其中。

11. 加强和改进未成年人思想道德建设，推动明大德、守公德、严私德，提高人民的道德水准和文明素养。

自古以来中国的教育就是为了培养君子，作为君子首先要道德高尚。我们不能培养自己的反对派和掘墓人。对社会讲公德，对国家讲奉献，对家庭讲忠诚，对朋友讲友善，对自己讲责任担当。

12. 加强国家科普能力建设。

科技是把双刃剑。我们要培养孩子对新兴科学的兴趣，对信息社会的接纳和正确运用。一部小小的手机，用对了，就是一种强有力的学习工具；用泛滥了，没有节制了，用歪了，就能把孩子带偏。

13. 深化全民阅读活动。

教育首先要培养孩子读书的习惯，爱读书，会读书。全民阅读活动要从学校抓起，并且形成"学校、家庭、社会"的阅读参与链。

通过以上分析，我们会发现，今天的教育需求变了，教育发展的宏观方针与策略正在改变，教育领域中的学校微观实践也应改变，教师、学生及其教学也必须相应改变。今天的时代是一个信息更迭不断加速的时代，人工智能、大数据的发展，已经让很多领域产生了无人工厂、无人码头、无人驾驶、无人售货，那么教育有没有无师教育呢？这是需要每个教师思考的，也必须要用自己的行动做出回答。

另外，从学校内部来看，我们选择 DCS 学校教育变革的理由主要有：

一是因为当下我们所教的正是孩子将来用不上的。

世界教育创新峰会曾对世界各地的教育家进行过一个

调查：现在孩子们正在学习的知识到底有多少是有用的？这个数字很恐怖，17%，即使是涨到 50%，我们也应该为这个结果感到很不满意，因为我们学生时期 50% 的时间是浪费了的，就目前情况下情况可能更糟。

那么为什么要学习将来不用的知识呢？一个很重要的原因就是它是课程大纲规定的，是考试要考的，教材编写者比较重视知识体系的完整性和系统性。教材强调一个学科发展的历史和最新的科研成果，因此教材内容总是在"做加法"，不断地"做加法"，另外的一个重要原因就是现如今的中小学校，是以选拔性考试为主导的学习评价，这就使得学习的内容越来越多，越来越难，考试的题目越来越复杂。

实际上，科学的方法，科学的思维，科学的精神，远比科学知识本身要重要，因为每个学生都有不同的兴趣爱好，不同的生活经历，不同的学科优势，不同的兴趣，用统一标准要求所有的学生，那些同样难度的知识，会压抑大多数学生的学习主动性和积极性。

正确的办法是降低课程的整体难度，如果掌握最基础、最简单、最能够满足人们基本生活需要的知识，足以使一个人具备承担公民基本义务的能力就可以了，其他的内容，可以通过选修课程的方式，满足不同学生的个性化需求。

如果一个孩子喜欢建筑，那么围绕建筑去构建他的知识体系，比如美术，比如材料学，他可以有针对性地去学习，也就是说，根据他个人的理想和学习的能力，构建属于他自己的知识体系，而不是课堂上统一标配给他们的。

二是什么样的知识最有教育价值，这个问题需要重新思考。

其实这里还有另一个问题，学生到底应该学什么？究竟什么知识最有学习价值？这曾是古今中外的教育家关心的一个问题。1859 年，英国学者斯宾塞就提出了一个著名的命题，什么知识最有价值？在古今中外的教育史上，课程首先是围绕着培养目标来设置的，中国古代把成人作为教育的主要目标，所谓成人在某种意义上，主要是指德才兼备的成熟的人，类似于英文的 perfect man，正是以上的成人就是指的培育人的过程，那么中国古代培育人是以"经世致用"的标准来培养人的。这个目标和当时的社会生活是密切相关的，是为了他当时能够成为社会有用的人而设置的社会精英教育课程。

三是基于未来课程变革的预判。

我们应该把人类浩如烟海的知识的哪一部分传授给学生？这是社会发展的今天对教育提出的课题，因为教育面临着一个共同的困境，人类知识的无限广阔和学生学习时间有限之间的矛盾。从国家发展的角度，人们提倡要把人培育成对国家忠诚对民族有贡献的人物，而科学家主张人们要学习一定程度的科学文化知识，而艺术家又强调人应该增加其人文精神。所以。学生的学习内容其实是各种力量平衡，各种知识与技能的叠加、分配所产生出来的一个最大的公约数，课程的内容和体量越来越大。世界上从来没有一种动物像现在的孩子一样有那么长的养成阶段。

更为重要的是人类的科学知识总量，却是以一个加速度在不停地发展。19世纪每50年增加一倍，到了20世纪初是30年增加一倍，20世纪50年代是10年增加一倍，20世纪70年代则5年增加一倍，20世纪80年代是3年增加一倍，以后将会一年增加几倍。庄子曾经叹息的"吾生也有涯，而知也无涯，以有涯随无涯，殆矣！"的无奈现在已经变为现实。过去的人们是工作和学习各有一个相对独立的阶段，而现在一边工作一边学习，已经成为人们生活的常态。人们在大学里学习的专业与就业的方向不能保持一致成为一种常态。那么学校教的不是人们将来要去做的，我们教的知识还有什么意义呢？

所以，发动学校变革，建设一所属于未来的学校，这所学校一定是：

1. 以教师的成长为发动点，以营造书香校园、打造教育生态、师生共同学习为路径，追求孩子未来的生活幸福为指向的教育学习中心为其形态。

2. 要形成"以活生生的人为教育的核心"，以学校、家庭、社会共同构建一个教育的三维立体空间，并由此形成的和谐完整的教育生态。

3. 就课程体系而言，它是以生命教育的课程为基础，以智识教育、道德教育、艺术教育为主干，以特色课程为主要的表现形式，以各种学习项目小组、挑战项目小组为主要组织形式。共同来拓宽学生生命的长度、宽度和高度。

四、DCS 教育变革之维

既然我们已经明白了，不做不行，不改革不行。那么前一阶段总结我们自己的改革为什么有的成功了，有的失败了，为什么有的学校成功了，有的教师成功了，可大多数人却没有取得什么成效。这都是为什么呢？我个人认为这涉及三个维度的解释。

第一个维度，我们不妨以如今的商业逻辑、商业价值和商业设计来看未来社会发展的五大红利。

（一）经营红利。

商业重心从产品转移到人。未来我们经营的不再是产品而是消费者，经营产品和消费者的区别是什么，第一大区别，如果你想方设法地把产品卖给一般的消费者，这就是经营产品的逻辑，如果你先把产品卖给 100 个消费者，然后力争让每个人消费深度运行，每个消费者还能再帮你找到适合的消费者，这就是经营消费者的逻辑，两种办法的结果看起来是一样的，但是第一种办法你需要投入大量的宣传，而第二种只需要提高服务质量。

最重要的是第二种办法是没有便捷的消费频次，在无限扩张第二大区别，未来社会日益均衡的特征将越来越明显。只有去满足一个特定人群的需求才是最符合时代需求的生意。这就是 Cosco 和沃尔玛的区别，为什么 Cosplay 越来越火，而沃尔玛、家乐福这种传统大型超市都先后退出中国市场，因为他们就是在试图向所有人提供所有的商品。而今后就是在努力为中产阶层提供他们最合适的产品。沃尔玛的产品虽然琳琅满目，但是我们往往不知道如何选择，而 Cosco 的产品都是给中产阶级筛选好的，往往都是他们最合适的，直接拿了就走，再比如中国为什么有拼多多这样的平台，就是因为产能过剩之后必须由平台把这些低值的东西低价卖出去。

我们在提倡高质量发展。其实就是以销量定产能，要先找到消费者，再为他们量身定制产品，大数据已经可以实现这一点未来之前找到它的消费者，然后抓住这群人为他们提供一切。

这带给我们的启迪与思考是，我们教育本来就是做人的工作的，在这方面我们现在的思维却远远落后了，我们往往把教育改革认为是方法的问题，是体制机制的问题，是评价标准的问题。但就是没想到是自己认知的问题。所以我们首先要解决的是一个认识问题。我们要认识到我们国家要培养什么样的人？家长有什么样的教育需求？孩子有什么样的性情特点？我们有什么需要补足的地方？只有从这些实际的需求出发，我们才能真正抓住这次教育改革的实质。

（二）消费数据。

红利盈利的时代到来，是互联网导致的信息透明化，同样的商品服务只要还有利润存在，一定会有商家卖得比你更便宜，因此未来无论做什么，竞争都会越来越激烈，而当竞争绝对充分的时候也就是商业绝对繁荣的时候，商家靠什么赚钱的？大家发现没有，现在很多生意前期都是不赚钱的，或者从表面上看都是亏本的，其实这不是上下反杀的，恰恰是上涨下跌的，更与时俱进，因为他们设置了隐形路径，或者说是把赚钱的路径后移了，这叫利润后延，其实这是商业发展的必然，随着竞争的加剧，很多企业都涉及了流量型产品，这些产品都是为了吸引客户而设计的，可以是亏钱的，当客户进来也就是形成消费大数据，之后再靠深度服务产生利润，有很多商家会用低利润甚至零利润的产品去交换消费数据，吸引大家聚集而来，然后利用另外一套隐含的逻辑去挣钱，比如书店之前都是靠卖书挣钱，现在书都是免费送的，却可以开读书会挣钱了，开读书会的本质就是在经营用户，而卖出的本质是在经营产品，未来商业的核心在打造 IP，就像现在正火的樊登，一个人做上百个抖音号，现在他的 IP 远远比抖音号值钱，他手上既不缺钱，也不缺投资方，更不缺人才，他只要把项目和资方一对接就能毫无风险地坐等分红，因为未来人是跟着人走，而不是跟着产品走，商业的重心已经由产品转移到人，未来谁就是人，谁才能掌握商业主动权。

这带给我们的启迪与思考是，我们的改革在以往多是"后浪推前浪，前浪死在了沙滩上"。经验没有总结，认识没有提高，数据更没有留下。这场改革不仅仅是从体制上与以往不同，更重要的是操作手段也要与以往有大的区别。要改变一个人，要公心要建立感情，就需要对每一个教育对象有一个全盘的数据积累。

好多教师教了十几年的书根本不知道一个孩子在某个年级需要认多少字？现在已经认识了多少字？某个学生从一年级到小学毕业所应该掌握的数学知识，他是否已经掌握了比他应该掌握得更多的数理逻辑，有没有更大的发展空间？一个孩子读了多少书？他的兴趣点是什么？他的性格特点是什么？也就是说我们对自己教育对象的了解，完全是一种表面化的、空泛化的，不能据此做出详尽的改革计划的。

说起来，这样的改革给我们留下的只是改革的痕迹，而不是改革的成果。而我们需要的是通过这样的改革，让我们真正建立一整套依靠数据依靠科学，并且能与今天的人工智能大数据时代无缝对接的教改模式。

（三）小众品牌。

渠道资源是共享的，这意味着只要有优秀的产品，就可以通过各种渠道迅速进行销售。过去，中小品牌由于无法开发这些系统，因此形成了巨头垄断的局面。在欧美和日韩，零售商都是巨头，他们采取全球采购和全球供应的策略，优势在于全球化布局，能够迅速将全球最便宜的产品销售到价格最高的地方。这些巨头在进入中国时表现良好，但最近两年出现了明显萎缩。十年前，我们使用的日化用品基本上都是由宝洁提供的，但是今天我们再看一下自己使用的日化用品，很少还是宝洁的。这不是偶然的，而是市场情况发生了巨大变化的结果。中国作为其主要战略要地，其市场情况也发生了很大变化。中国互联网和物流的发展，为许多小众品牌提供了机会。这些品牌通过拼多多、淘宝、云集等平台，甚至还有很多微商品牌，像蚂蚁雄兵一样，逐渐蚕食宝洁的市场份额。这些小众品牌采取专业化和人群细分策略，提供各种细分功能，使得大类产品逐渐被抛弃。这是海量品牌的崛起，也是中国经济下一轮的主要运营模式。实际上，中国的互联网为世界经济做出的最大贡献是将资源平台化和共享化，为中国中小企业提供了发展空间。

这带给我们的启迪与思考是，小众品牌在教育界一直都存在。我们所说的小众群体，这是因材施教、对症下药的小众群体。它的极致是每一个孩子都要有一个成长档案，有一种教育方法。

学校除了公共课程，还要实行同一课程不同教师的走班制。有各种各样的兴趣小组。由于兴趣为主导的。多种发展方向的培养目标。划分小众的标准不再是年龄、性别这样简单的客观框架。而是由有科学依据的、有数据分析的，有需求特别要求的各种条件组成的一个双向选择。

（四）匠心独行。

中国未能孕育出奢侈品牌的原因之一是缺乏工匠精神。企业发展的不同阶段，从短期来看，拼的是渠道；从中期来看，拼的是模式；从长期来看，拼的是产品。初创企业需要站在风口上，但随着发展，必须采用最先进、最符合时代潮流的商业模式。而实现长远发展的关键，则是有工匠精神的企业。为了提供更好的产品，某些企业甚至会与大数据公司合作，引入智能化量体技术，从而获得极大的销售量。此外，纳米衬衫等创新产品的出现，也展现了产品本身的魅力。中国经济的下半场，将会崛起一批具有匠心的企业，以及众多善于创造、踏实做事的人，他们不仅引领了社会新风尚，还传播了最积极正向的价值观。

当然，产品就像个载体一样，直接跟消费者打交道。如果产品做得不好，那就很难跟人建立联系。就拿小米来说吧，首先，它的产品性价比超高，而且设计符合现代人的口味。更重要的是，小米并不靠卖产品赚钱，它的产品就是个链接，小米用来连接消费者的，一旦千万消费者被连接起来，就形成了一个生态系统，也就是消费大数据。这才是小米最宝贵的财富，它还开发出了许多盈利模式，形成了一个完整的商业闭环。

这带给我们的深刻启示和思考是，教师的匠心究竟是什么。首先，教师必须热爱教育，这种热爱不仅仅是对教育行业的尊重和认可，更是对自己作为一名教育工作者的责任和使命的执着追求。其次，教师必须要爱孩子，这种爱是一种纯粹的心灵之爱，是对每一个孩子的尊重、理解和关怀，是对他们的成长和发展的一种无私付出。最后，教师更需要有能力把这种热爱和爱心付诸实施，将教育理念和教学方法转化为实际的教学行为，不断探索和尝试新的教育方式和方法，不断前行，不断进步。只有这样，教师才能真正做到用心教育，用爱培养，为每一个孩子的成长和发展贡献自己的力量。

我们希望每个教师都是自己专业的行家里手，有专家式的知识、把控和理解。除此之外，我们还希望每一个教师都有一项能够扶正的兴趣特长。并把这种兴趣特长完美地贯穿于教育过程当中。

如果说毕业学生就是我们的产品，那么我们希望每一个产品都保质保量。都展现了良好的知识基础，寻找到了自己的兴趣特长。而且确立有自己未来的发展方向和空间。

（五）供应链红利。

在未来的商业世界中，供应链的广度和深度逐渐拓展，而企业的发展趋势则是不断往深处挖掘。深度思维，已经成为未来发展的核心，我们必须紧随这一潮流。一个清晰的趋势浮现在我们的眼前：只有拥有供应链思维的企业，才能在这个竞争激烈的市场中立足。整合资源相对于开设工厂，其所面临的风险要小得多。因此，你不可能开设成千上万个工厂。只要你能够将供应链做到极致，并拥有吸引力，那么，你将有望成为下一个成功者。这一理念与某宝、某多的成功有着异曲同工之妙。他们都是平台，以一张网络连接整个世界。然而，我们并不能做到如此规模宏大，我们所追求的是精准。这就是数据为何如此珍贵的原因。靠产品本身来赚钱变得越来越困难。因为未来的生产是全开放式的，你能生产出某种产品，别人就能以更低的价格生产出更便宜的产品。

在供应链的构建中，应采取纵向布局，锁定目标群体。通过建立壁垒，不断深化自身竞争力。例如，某某奶粉尽管市场环境艰难，仍实现了 21 亿元的销售额，增长率达到了 18%。他们的成功并非来自奶粉加工，而是从保护黑土地开始，逐步拓展到种草、养殖户加工和渠道开发，形成了完整的产业链。

对于互联网企业，供应链金融是一种有效的盈利模式，通过向大众提供金融产品，吸引消费者在平台上进行消费。商家只能掌控一两个环节，并构建自己的市场领域。随着商家掌握的消费数据日益增多，企业的受力将更加集中，头部效应将更加明显，马太效应也将进一步加剧。

此次教育改革所传达的启示和思考是，应采取一种积极开放的教育模式，该模式不仅要发挥家校合一的家长力量，还应联系并吸引全社会的参与。

我们的教育不仅要让孩子们在年级之间顺利过渡，还要通过知识的扩展和能力的提升来促进他们的成长。更重要的是，我们要在这个过程中不断拓展孩子们的生命体验，包括他们的生活长度、宽度、高度以及情感温度。

作为教育链条中的关键一环，东长寿学校的每一位教师都肩负着教育改革的重要责任，必须确保每个环节都得以完整形成闭环。这一链条中的每个环节都至关重要且必须牢固。我们要构建学校、家长和教师全方位的教育生态，不仅确保每个孩子都能得到教育，更要确保所有营养成分都能充分供给。

由此可以看出，DCS 学校教育变革主要有四个方面的内容。

一是生命教育，涵养生命是教育的天职。

对于生命的尊重、发掘、赞美及培育，是教育的永恒主题。人的生命有自然生命、社会生命和精神生命三个不同的层次，我们要引导学生珍惜生命，积极生活，创造幸福人生。让每个人都成为最好的自己，幸福完整地度过一生，并在这个过程当中不停地延展生命的长、宽、高。

二是智识教育。

它包括大科学（传统的数学、物理、化学、生物等课程）与大人文课程（传统的语文、政治、历史、哲学等课程），我们在这里谈的是智识，不是知识，因为课程的根本目的不是掌握知识和信息，而是用人类的智慧去统领知识，并且掌握运用知识的能力，而传统的文理学科之间，也必须用大人的一个大科学的概念来统领。要增加课程间融合，包括文理课程之间的融合。

三是道德教育。

遵守社会公德，参与公共事务。对国家政策和社会道德有公理心和同理心，同时具有独立思考和责任担当的能力，对传统的优秀文化有归属感。对培育自己的乡土、师长、家长有亲热感并长期葆有依恋和回报的热情。

四是艺术教育。

通过艺术课程，包括但不限于雕刻、音乐、体育、美术、雕塑、电影、表演等艺术形式的学习，掌握艺术思维。提高艺术品位，涵养艺术精神，传承人类文化，培养完善的人格，陶冶丰富的感情。艺术教育不是为了纯粹地培养职业艺术家，甚至不是培养艺术精英，而是注重培育人的艺术鉴赏力和艺术性情怀。艺术课程不是简单的音体美，而是基于儿童天性的，以爱融合美术、音乐、书法、雕塑、电影、戏剧演艺、民间工艺等大艺术概念进行整合的课程。

必须强调的是，由于每位学生的家庭背景、个性、智商和情商各不相同，我们不能要求所有学生都学习相同的课程，即使是在同一课堂上，也应尊重每个人的独特性。更重要的是，师傅的引导是必要的，但学生的自我学习和努力同样重要。应将学习内容的选择权和大部分学习时间与空间交还给学生，以实现真正的个性化学习，并让他们对自己的生命和未来有相应的自主把握。

我们可以留三个思考题：

如果生活在今天，你像东郭先生一样保护了"狼"，究竟是对还是不对？如果狼吃你，你该怎么办？

如果让你重新选择家庭，你是否还会选择你现在的父母为父母？如果不是，你该选择一个什么的家庭和父母？

如果你有幸得到一张万能卡，要什么就会有什么，而且它将终生为你所有，请你选择列出你最想要的十件东西。

五、DCS 教育变革之道

学校教育变革方法与路径很多，但万变不离其宗，坚守学校变革之道，才是取得改革成功、取得育人实效的保证。

一般来看，学校教育变革之道，其基本要义有如下几个方面。

（一）学校变革之道无限接近教育的本质。

教育的本质是什么？说到底，就是培养人，培养社会所需要的人。世界都在千变万化，教育也是如此，但无论如何变，教育归根结底就是培养人。

最近有一则新闻：男孩考23分，兴高采烈拿试卷给爸爸妈妈展示，获点赞肯定。23分的成绩固然很低，但爸爸妈妈面对孩子有点悲情的考试成绩，她们选择了鼓励，目的是让孩子感受到进步的魅力。

我们当然要为这对父母点赞：他们没有选择站在传统观念里教育者始终高高在上的位置，用了更像朋友的方式，通过由衷地鼓励，帮孩子树立持续向前的自信，抓住机会进行了一场生动的鼓励式教育。

比传统处理此类事情方法更应该值得关注的是：他们通过这么一件小事改变了孩子对生活、对学习的根本态度——只要我努力了，哪怕只是有点进步，也是值得的。带着这种想法，孩子今后的人生或许会和从前很不一样。

教无定所、无定时、无定形，一次简单的交谈、一场生动的出游、一顿随意的便饭，都可能于无形中完成教育的过程、实现教育的目的。能把孩子们思考和生活里的丰富多彩连接在一起，让他们认识到书本上的文字和知识从来没有和我们的世界割裂开。

认真生活，感受自然，就是最有效地学习。比如和学生一起，在洒满阳光的绿茵场上席地而坐，伴着微风，齐诵庄周的文章，理解着古圣先贤"以游无穷者"的无尽逍遥。同学当然会感同身受，显然比那些只会"熟读并背诵课文"的教育更接近生命的本质。

（二）学校教育变革的活力源于真正理解和充分发掘知识本身的魅力。

知识如同汪洋大海。我们既不要只看见它风平浪静的时刻，也不要只看到它波涛汹涌的一面，更不要只会在表面上捉一些小鱼小虾。甚至只看重浮在海面上的枯木和船只。我们应该能够把思想和身体进入深深的海水里，去探索深海的秘密，去经受知识风暴的洗礼。

我国的基础教育，特别是在农村地区，已经取得了显著成就。然而，大多数教师却往往只被视为普通的教书匠，他们在教学过程中很少能够赢得学生尊重。从知识储备的角度来看，他们不敢自视为知识分子，对于自己的职业，他们仅将其视为一个谋生的手段，而并非一种崇高的使命。

在教育领域，他们往往只关注教育经验和教育技巧积累。老教师们可能会因为自己的丰富教学经验而感到自豪，但这种自豪感仅仅停留在教学技巧的层面。绝大多数教师都局限于尽职尽责地教书，他们将教书视为自己的第一职业。虽然他们的人生因此而充实，但他们也往往会有一种意识，认为教书是一种既充实又卑微的职业，如同驴拉碾磨一般。

教师可分为两类。第一类教师通过自身的努力和教学实践，获得了本学科的教学经验和技巧。第二类教师则通过借鉴书本或他人的经验，以及自己的教学积累，努力创新教学方法。表面看来，这两类教师的区别不大，但第二类教师明显在动脑思考并尝试新的教学方法。他们通过努力，将逐渐捕捉到知识本身的精髓，并掌握知识那醉人的魅力。

我们必须要破除教师心底的魔障：一方面想要得到作为教师的尊严，一方面充斥于内心的却是一种力不从心的挫败感。我们应该像我们教育学生那样：勇敢地抬起头来向前看，勇敢地去尝试，去获得知识，去探索达到彼岸的路径。也就是说，我们首先必须要有改革的勇气，其次我们必须改变思路：这一次的改革不仅仅是换课程，换关注点，提高或减少某些课程的频率。最重要的是要换思维、换做法，甚至不仅仅是感情色彩和关注温度的变化，而是要让自己脱胎换骨。

（三）欲育人，必先自强。

　　有人问魏书生，你书教得那么好，你究竟是怎么做到的？魏书生言：都说我教书教得好，其实不然，在我的心里，教书排在第三位，育人放在第二位，自强排在第一位。

　　这句话准确而又简单明了地道出了一个教师怎样正确对待教书与自我教育之间的关系。为师者当效法借鉴：欲成事，先自强。一个教育者必须孜孜以求自己的内心强大，全力以赴使自己的学识渊博，努力提高自身的综合素养，如此的教师怎会不知道怎样育人？如此知道育人的教师怎会教不好学生？如此会教好学生的教师怎么会教不出好成绩？

　　育人就是让我们的学生养成一系列好习惯，总结出解决问题的方法，具备一种道德和文明的素养。譬如：让学生对新课文养成提前预习的好习惯，在路上相遇会主动向对方打招呼，允许学生在班里边种植花草，在班里边同学之间以兄弟姐妹相称，当别人无意以不当的言辞伤害了我们，我们学会了克制与宽容等等。当一个学生具备了优秀学生所拥有的习惯方法和素养，他的学习怎么可能学不好？当一个教师以育人的态度和方法去教书，他怎么可能教得不好？所以在我们每位教师心里，育人要放在教书之先，自强要放在育人之先。

　　《周易》言"天行健，君子以自强不息；地势坤，君子以厚德载物"。这些话表达了我们中华民族的奋斗精神和原则：人类由幼稚走向成熟，由低点升到高点，外在的环境虽然重要，但起决定作用的是内在对美好事物追求的那种自强不息。一个人没有自强不息的奋斗精神，即使他聪明绝顶，即使他拥有最好的学习条件也不可能学好。

（四）学校教育变革必须先修正一种错觉：学习即一切。

教育不能也不可以等同于"上课"。但长期以来，家长甚至教师总有一种错觉——孩子在学校坐了一天，作业完成了，就是受到了教育；学生在书桌前笔直地坐了一节课，他就是认真听课的好学生。

教育不等同于传授知识，甚至不等同于灌输道理，更不是在那里消耗被教育者的时间。

保持自己的先进性，用自己的知识和经验去引导、感化被教育者，是教育最简单直接也最有效的方法。

教育的本质意义在于对人的再造与提升。

教室抑或课堂，都只是教育的具有集中性质的组织形式而非唯一的形式。凡有教育者和被教育者在场的时空都可以开展教育工作，生活本身就是教育，我们每时每刻的行动都有可能是对他人或自身的教育。

最后我们必须提醒一句，所有的保障措施都不是万能的。不论它是不是完备的都不重要，重要的是我们要不要做这件事，我们怎么去做这件事？也就是说所有的制度保障都不能保证改革的顺利进行，必须通过教师的主观认知改变和教育素养改变来实现。改革的关键因素是人，是教师是家长。只有大家每个人都认真地行动起来，把心思放在这上面，把目光关注在孩子身上，我们的改革才有可能成功。

总之，学校教育各种改革要先找"魂"，然后是找路径，再次是找人，最后是找方法。包括做的方法和保证这件事能落实的措施。

找魂，解决胆量的问题。

找路，解决可行性的问题。

找人，解决可能性的问题

找方法，是解决做得好坏快慢的问题。

六、DCS 教育变革之法

学校变革牵一发而动全身，既涉及学校内部深层次的利益调整，也涉及学校未来发展的可能方向。通过学校教育变革促进学校转型升级，必须做到有的放矢，坚守学校变革的基本准则。学校变革要做到遵纪守法，大胆放手。

这是不断深化学校变革的基础保障。学校要想做好自己的事，首先要做到课时、教师、教材、考核四个方面的计划保障。在这次改革当中，我们面临着最需要注意的两个问题新的课程由谁来教以及怎么教？改革之后学生学什么以及怎么学？我们认为，对这些问题的回答应该是：

（一）依法办教育，依法管教育。

这是我们的底线，也是我们的高压线。教育改革的思路，法治思维是基础。未来的中国教育，将真正落实依法治教。将各个方面的治理力量约束在法治的总体原则下，通过规范化、制度化的法律法规保障释放学校的办学热情。在法治原则下，对学校教育体制和各个子系统进行有效有理有据地管控，确保教师能够全身心地投入教学工作。

如今，我们的教育法规建设已经越来越完备。《教育法》《教师法》《学位法》《学校法》《教育安全法》《学前教育法》《家庭教育法》等许多法律法规的出台，为我们的教育教改保驾护航，我们要充分地利用好这个条件，依法办教育，依法管教育。

未来的学校教学必须是一个开放性的、科技性的、开创性的教学。我们的学校不但要教学相长，每一个孩子、每一位家长只要在某一方面突出，都可以引入学校做课；我们还要引进社会力量，尤其是引进科技的力量，要发动全校师生和社会的力量一起来打造我们未来的教学模式。这样一来，就不可避免地会产生很多涉及法律方面的问题。这是我们不能回避的。

将来的东长寿学校，学生的学习内容将会发生重要变化。他们不是为了一纸文凭，而是为了自己的兴趣和提升自己的能力，这将是一个质变。我们的每一个教师都必须对此有一个清醒认识。我们不是培养百科全书式的知识拥有者，而是能够运用知识去探索新知的人。知识学习，应该从目标变成一种手段。对于这种变化，不管教师和家长都有一个适应的过程。对这个过程需要法律来解释的事情，我们要依靠法律来解决。

学校要有法律意识，应该雇请相应的律师团队，为学校的改革保驾护航。产生了法律纠纷，由律师团队来解决，一方面让教师觉得自己的行为有法律保证，另一方面，也要保证教师有足够的时间，专心地安静地来搞教育改革。

（二）"放、管、服"——经济改革的成功经验。

2016年5月9日，国务院召开全国推进放管服改革电视电话会议。李克强同志语重心长地说："'放管服'改革实质是政府自我革命，要削手中的权、去部门的利、割自己的肉"。

作为学校领导，我们应该有这样的情怀。

事实上，中国的课程改革已经有了很多成功的模式，可是我们孩子、教师甚至是家长的时间，还是大部分被固定在课堂上、作业上。我们能不能再解放一点思想？能不能给教育者更多的空间和权利？

1. 所谓"放"，就是要真正地放飞梦想。

就必须要先放松管控和限制，给新的生命教育一个更广阔的空间，就像中国画留白也是内容一样。关键要放心、放手、放权。

一是放心。我们要相信我们教师的创造力，更相信家长的心灵中的善，相信我们都是为了孩子而认真付出的人。

二是放手。孩子为什么必须要圈在课堂里才能受教育？与其天天苦思冥想如何才能让课堂充满精彩，充满能量？不如打开天窗，推倒围墙，开门办学！

三是放权。我们必须要放权。只有放权，打破一些原来以为是常规的时间观念、制度观念，才能让教师和学生有一个真正宽松的环境。只要符合教育的规定，只要符合孩子教育的实际状况，可以适当地改变学校的规定。比如现在的一年级新生，绝对不是零起点的概念，有些课程能不能不讲？

2. 如何"管"？

一个要进行深化教育改革的校长必须要有一点儿"抗

上"的勇气，更需要有对未来教育的创新情怀。

我们经常会接到一些因为社会各种各样的压力而由政府部门发布的违反教育规律的政策条规。比如：一方面要求学校提升信息化教学的水平，一方面又不成熟的教育 App 直接进入校园。如果要进入，必须经当地行政部门审批。

其实只要我们认真地想一想中国教育事业真正的需求就会明白，要实现中华民族伟大的复兴梦，就必须要把社会上目前最先进的科技用适当的方式介绍给我们的下一代。就像大禹治水一样，堵塞的办法永远不如疏导。

所以，这就要求我们的学校把定方向，至于教师是不是非要用某个课本当中的内容去教学？用什么方法去教学？完全交给他们自己去实行。

我们能不能借鉴社会力量来办学？比如，利用我们身边河北美术学院的条件和优势，让高校的一些教师和学生直接教我们的孩子绘画雕塑美工，应该比我们的教师更为专业。

所以未来的学校教学管理最重要的是管方向，而不管具体的做法。

3. 怎样"服"？

没有利益服从，没有信任付出，被强制地服从，都不可能产生改革所需要的能量。

我们想要让家长服，就得拿出改革的成果，学校想让教师服，就必须拿出相应的效益。教师想要让学生服，就必须打造自己的人格魅力、知识段位和讲授方法。要让教育变成一个真正有温度、有高度的职业；我们的教师才有尊严，才有风度。而目前我们的教师能够感受到的只是工作的强度和各种政策的力度。这种现象必须要改变。

（三）既要适应国家教育的选拔制度，又必须要坚持改革，探索多种考试的模式。

其实考什么和怎么考，主要看谁来主持这项工作。考试成绩只是检验教育成果的一种方式。知识掌握了，能力提高了，学生不会怕考试，考试成绩好只是一个"副产品"。

（四）要在教师和学生的心目当中种下"依法办学"的种子，要大大增加教师们参与改革的底气。

学校要理直气壮地为教师的改革和奖惩措施发声、撑腰。无论是学校的教师和学生在遇到具体问题之后，都应该建起一个思维底线，三思而后行。

一思：这件事该不该做？

二思：这件事应该按照什么原则？什么方法去做？

三思：这样做到底违不违法？

七、DCS 教育变革之变

学校教育变革不是粉墨登场，而是脱胎换骨，是一项涉及多个角色深刻变革的过程。

（一）学校变革中的角色转换是一个系统工程。

这个系统的工作原理可以定为以下几点：

1. 高质量教育一定要推行一个政策：谁有本事谁就是教师（包括学生和家长及一切教育工具）。通过落实"双减"、延时服务、强身健体、特长培养等教育政策精神，在提升师生核心素养的同时，还要减轻学科类教师的工作时间和工作压力。但这一切都要秉承一个原则：学校的每一个岗位都成为全工作量，都能够进行统一、公正、公平、公开的考评排名，全体成员均能够发挥自身的长处、都拥有展示才艺的平台和机会，让丰盈的归属感、获得感来充实每名教职工的学习工作生活，让每一名教职工都能够体验到职业幸福感。

2. 我们以前是相信课程的统一性，将来我们要相信学生的差异性。我们的学习内容主要是为了提升学生的学习兴趣和学习能力。教育不是为了培养百科全书式的知识拥有者，而是能够运用知识去探寻心智和创造的人知识学习，从目的变为手段。

3. 课程不限于学校教育的范围，更重要的是以家庭教育为根基、学校教育为主干、社会教育为辅助、自我教育为根本的全方位全过程体系，课程最本质的特点是教师和学生双方的生命体，是课内外的叠加，学校与家庭的碰撞，以各种形式相互作用，从量变到质变，最终知识与社会生活、师生生命达成共鸣而形成。

4. 随着大数据云计算的出现，高等教育的进一步普及化，未来的社会将会逐步淡化文凭的价值和意义，越来越看重一个人的真才实学。

5. 导入社会、家庭的力量，形成家校合育、社校一起教育管理的教育教学机制。相信中华优秀传统文化的影响力，相信家教的力量。

（二）角色转化是传承与链接，历史和未来之间是用方法和思维来链接的。

全世界都在探寻逝去的时代，其实并没有那么好，否则它就不会引爆今天这么多的严重问题，过去的"好"是错觉，今天的"坏"也是一样的。

我们应该高兴处在这么一个变动的时代，所有的秩序都在重新分配。教育问题多多，使得原来只靠经验、只靠一点考试得来的知识和身份就可以在教育界拿到一个职称，拿到一个岗位。这样的时代，以后不可能再有了。

教育资源的重新分配，教育任务的重新划定，可以使我们真正地接近教育的本质，教育者重新受尊敬的时代已经在向我们招手，教师的春天、教育的春天真正来临了。

所有的难题都不是难题，每个人都有能力不被任何表面上的困难所限制，每个人都有能力不断提升自己的生命层次。这次改革的伟大意义不在于你拥有多少或者读了多少书，而在于你的人生能否从此与过去不同。正如佛家所言"经义不可思议，果报亦不可思议"。

1. 向笛卡尔借个思路。

笛卡尔的"我思故我在"是一个著名的论断，其实这个"思"应该翻译成"疑"。他有一本书叫《谈谈方法》，其中提到的四个方法是：

（1）凡是我没有明确认识到的东西，我绝不把它当成真的接受。

（2）把我所审查的每一道难题按照可能和必要的程度分成若干部分，以便一一妥为解决。

（3）按次序进行思考，从最简单最容易认识的对象开始一点点逐步上升，直到认识最复杂的对象，就连那些本来没有先后关系的东西也给它们设定一个次序。

（4）在任何情况下要尽量全面地考察，尽量普遍地复查，做到确信毫无遗漏。

2. 向笛卡尔借个方法。

正是由于他理解到认知是一个从怀疑到明白的过程，笛卡尔认为，理解到认知是一个从怀疑到明白的过程，这个过程可能前后颠覆而漫长，所以他定下了一套行为原则。

（1）遵从社会法律的规定，在所有的意见中采取最严格、最顶格的规范来约束自己。

（2）在不明白自己的选择是否正确时，要听从概率，如果看不出概率大小的时候，仍要做出抉择，一旦抉择就不再质疑，相信那是最可靠最正确的选择，果断坚决，不再犹豫不再反复，就像密林中迷路的人，总要前行，不能停在原地。

（3）永远只求改变自己而不求改变命运。只求改变自己的愿望，而不求改变世界的给予，要始终相信一点：除了我们的思想和行动，没有一样事情是我们能够自主和改变的。

（4）我们可以尽自己最大的努力去改善，改善不了的就是不可能的。不可能的事就不要去痴心妄想，这样我们就能够心平气和，安居乐业。

（三）学校变革中角色转化的方向。

改革最重要的是改变人，从校领导到教师，到家长一直到社会的各个层面，深度的教学改革，涉及的方方面面都需要变，每一个人都要寻找自己在未来的改革浪潮当中的角色。

校长校领导如何做？教师如何做？家长如何做？如何从社会中汲取教育的养分？

1. 校长角色转化。

伟大的人民教育家陶行知说过："校长是一个学校的灵魂。"校长是教育的传播者、实践者和领导者，是学校教育的核心和关键，是学校的灵魂，是学校牵一发而动全身的"命脉"，其工作的成败往往直接关系到学校教育教学的兴衰。这次改革对学校领导提出了更高要求，它要求每一个校长虽然不可能都获得一流的荣誉，但是他的作为和思想必须是一个与时代教育节拍相和谐的一流管理者。一位优秀的校长不仅拥有育人理想，也具备管理经验，更能开发人的潜能，发现人的价值，带出一支优秀的教师队伍。

一个好校长，是一所学校能否实现教育的美好愿景的有力保障。

（1）校长不仅是播火者，更是"鼓风机"。"春蚕到死丝方尽，蜡炬成灰泪始干"。好校长能用自己的满腔热情奉献给教育事业，不在于他教什么、管多少，而是在于他能否点燃教师心灵中那支火把，将自己的爱心和耐心留给教师。他为教师的整个人生负责，不把教师看成可控制的工具，盯住的不只是教师的出勤率和成绩表，而是用智慧去唤起教师对教书育人的渴望和理想追求，将教师真正导向教育之门。

（2）校长是一校之长，但更是全体教师的"朋友"。一个好校长，在教育教学管理中能创造出民主、和谐、愉悦的工作氛围，能唤起教师对学习的内在需要，帮助教师认识自己的才能和潜能，发展教师有自己的个性，培养教师创造精神和实践能力，为教师终身教育奠定基础。

教师更需要理解和支持，首先就是校长和学校领导层的肯定。

如果一个校长能够作为教师的知心大哥或知心大姐出现在日常生活中，那这所学校的工作就一定能够搞好。

（3）校长是一个不吝惜掌声的"赏识者"，又是一个身怀绝技的征服者。好校长应该是一位赏识教育者：相信每一个教师都是一枝花，校长应该为他们提供一个充满阳光、空气、水分的空间，让他们迎风展姿，百花争艳。好校长必须多表扬教师，并且表达出对教师的期望。但又不是只是眼光向外。唉。一个好校长除了管理之外，课堂教学上也有自己的独特之处，征服教师心灵，树立好校长尊严的"王牌"。

（4）校长是既可凝心又能聚力的"操盘手"。一个好校长，必须要能够给学校带来一种气质。追寻教育的真谛，把教育当成自己的理想。不仅看重学问，还要拓宽胸襟，涵养气象。能凭借自身的才智、风度，以及在人际交往过程中能散发出吸引力、亲和力、感召力和凝聚师心的魅力。所谓一呼百应，不是凭借校长的权威，而是依靠校长的人格魅力。

（5）校长既是参与者也是组织者，同时也是合作者。全新的教育教学服务理念将校长－教师"互教互学"视为一种学校的常规状态，他们彼此将形成一个"教育教学共同体"。促使校长从管理的执行者向引导者、组织者、促进者转变。校长对教师管理过程不只是忠实地执行课程计划（方案）的过程，而是相互共同开发课程、丰富课程的过程。

（6）校长是"发现者"，也是成就者。现代学校教师管理的核心应当包括两点：一寻找每个教师身上独有的教育特质并给予最大限度地挖掘。二尽量让教师在学校的活得有尊严，活得有价值。校长在教师管理工作中要关注教师的优势，并帮助教师将他的工作、学习建立在他的优势上。这样教师会做得很好，良好的结果会更加强化干劲，教师也就会越干越愉快。管理的最大价值不在于做了什么事，而在于发现了多少人和培养了多少人。

校长要时时以自己的创新意识、思维以及能力去感染、带动教师创新力的形成和发展。在教学中能自觉地将知识传授和创新思维相结合，发现教师的创新潜能，捕捉教师创造思维的闪光点，多层次、多角度地培养教师的创新精神和创新能力。

（7）校长是种花人，而不是机耕手。校长必须研究教师的差异，找到因材施管的科学依据。根据不同教师的个性差异提出不同的要求，采取不同的教师管理方法。而不能搞一刀切，统一要求，统一规格。评课用一种模式，上课用一种规范，考试用一把尺子——教师本是千姿百态、风格各异，我们不能把他们"培养"成一种模式，天下教师一副面孔，那会是多可怕的一件事儿。

每个校长都是一个种花人，花园里千姿百态。而作为一个种地人，不能种玉米都是玉米棒子，种豆子都是豆子。

（8）校长既要当好教师的精神支柱，又要做一个教育平台的"服务者"。为教师建立成长档案，帮助教师全面了解自己，明确自身的成长阶段和尚需努力的方向。对，教师在教学上的付出，一定要在精神上支持之外，在物质上、渠道上都给予相应支持。

要从教师成长过程来看待其成长，而不能只凭教学的成绩来评价一个教师的价值。

（9）校长必须先是"书生""学者"。一个校长要想为一个学校把好方向带好路，他对世界就要保持一种新鲜感，促使自己不停地思考，使观点不落后于时代，更不落后于教师与学生。所以一个校长首先必须是一个彻头彻尾的"书生"。一个自己不爱读书的人去要求教师和学生读书，无论从哪个角度上都是一件特别滑稽的事情。读书，会在无形中提升校长的品位，强化校长的人格魅力，从而影响他的教师与学生。

（10）校长要风度，更要有热度。校长的工作是艰苦的。单调、烦琐，在工作中遇到很多困难和不如意是难免的，但是校长还是应该保持乐观主义的态度，用欣赏的眼光对待教育，努力营造快乐的环境，让教师、学生快乐，也让校长自己找到快乐的理由。

2. 教师角色转化。

（1）一个教师对待改革应有的态度。第一，你不需要多想，要习惯跟着走。教师的职业所形成的分析习惯，对学力、眼力和观察力是有利的，但对热情和德行来说却是一个弱项，它总是影响和破坏由联想引起的希望和喜悦。正因为如此，我们必须要明确自己在这次改革中的位置。

我们可以是领航者，但是我们必须要在学校这艘船上。

我们学校的发展史也充分地证明了，我们一直在正确的路上前行。当我们提出"双尊"教育和铸魂教育时，从某种意义上我们已经是超越前者了。作为一个领先者，容易成为最孤独的人，因为我们没有可以学习的对象，没有参照物。所以必须服从学校这次改革的大局，努力保证自己跟着不掉队。

第二，摸着石头过河。作为一名教师，我们应在实践过程中主动寻求解决策略，将政策以最易为人接受的方式予以有效实施，即便在实施过程中出现失误，也能帮助我们辨识出真正妨碍教改取得成效的关键问题。在无法获得全面满足时，我们该如何去争取关键成果？在个人主张无法得到全面实施的情况下，我们该如何保持平和心态，避免愤怒与沮丧，认识到适时地妥协与舍弃是为了维护整体大局的平衡与稳定。

第三，必须有新的价值观。教师也不能牺牲一切，但是必须清楚，我们只要活着，只要工作，就必须牺牲一些东西，而且不能讨价还价。正如我们教孩子，最重要的不是教给他们如何去获得去赢取，而是教会孩子如何分享合作和付出。

因此，作为教师，我们应该成为孩子的榜样，通过自己的行为、言语和态度来影响他们。我们要讲述能够感动孩子的故事，表现让他们动情的一面，并在日常生活中做出让他们眼前一亮的举动。无论在课堂还是生活中，我们都应该成为孩子们眼中的能人、奇人、趣人甚至是偶像或超人，而不仅仅是被称为"教师"的大人。

我们需要向孩子阐述何为贡献，因为最初的社会并非如此。作为动物的本性使得我们与其他动物有所区别，我们享受着良好的环境与教育，这完全归功于社会以及先辈和长辈对该社会的奉献。为了维持社会平衡，我们必须付出某些东西作为贡献。如果我们达到了平均贡献值，我们应该感到自豪，并赢得他人的尊重。

第四，保持一种清醒：教师更需要学习。教师总忘不了一个想法，就是"手起刀落""快刀斩乱麻"。实际上，这也可能意味着我方"手起刀落"，砍伤自己。一个人若总是怀抱乐观的心态，便难以察觉问题；一个人若只顾着向前展望，便往往无暇关注脚下的陷阱。就像我们教育孩子那样"学而不思则罔，思而不学则殆"。我们需要思，更需要学。

（2）教师成长目标。从以教书为主，转向以教书、育人、成就自我相统一；从课堂教学为主，转向课上课下、线上线下相结合；从以学生成绩为目标，转向关注学生成长和终身幸福；从专业课教学，转向各项工作的多面手；从知识魅力为主，转向人格魅力为主；从个人成就出色，转向融入教师共同体，实现共享、共赢、共成长。

3. 家长角色转化。

相比于如何做一个改革中的好校长、好教师，解释如何做一个好家长，是一件特别难的事，因为有好多的东西需要补足。

如何做一名合格的家长？与未来需要什么样的家长？现在你是一个什么样的家长？你希望自己成为一个什么样的家长？不是一样的概念。

所有的家长都期望能做一个因为孩子的成绩而光宗耀祖、自己脸上有光的家长，这是所有家长的共同点，这就是所谓望子成龙，盼女成凤。

但是家长的期望值与家长所付出的往往不成比例，这又是家长的共同困惑。另一个困惑是好孩子都是别人家的，倒霉的孩子都是自己家的。

（1）好家长的内涵。一是知书达理，起码也要通情达理；二是爱孩子，更会教孩子；三是支持学校和教师的工作，有效约束孩子；四是能够适时地帮助孩子帮助学校和教师去教育孩子。可现实的情况是，这样的家长基本不存在。

（2）未来需要什么样的家长。第一，自己肩扛住了黑暗的闸门，放他们到光明的地方去，并且一直明白这就是我的使命。

第二，我不能因为自己付出了体力就不应该付出精神，不能因为付出感情就应该得到回报。

第三，知道自己是一棵树，当自己的小树需要阳光的时候就要懂得放手，懂得躲开。

第四，要理解孩子每时每刻都在变化，变好和变坏都是成长，而孩子成长的每一个阶段都像竹子在拔节，会有不同的生理和心理的需求，所以虽然我们永远是他们的爸爸妈妈，但要知道当一个婴幼儿的家长，当一个儿童的家长，当一个青少年人的家长，需要不同的情感、心态和行为，因此父母也是需要成长的。

第五，对于孩子的成长而言，我们的努力理所当然是最重要的，要用自己的努力配合学校和社会的努力，在一个正常的环境当中把孩子养大成一个正常的人。

第六，如果我的环境很差，我需要努力改变自己的环境，不仅仅是物质条件，更重要的是家庭氛围。

第七，孩子出现问题的时候，先问问自己差在了哪里，而不是去指责学校和教师。

第八，如果我希望孩子认真学习，那我一定做一个认真学习的家长。

（3）家长应该如何做。家长的问题是各种各样的，比孩子课堂上的问题还要复杂。所以每一个教师都应该让家长明白：给一个小猴子当妈妈和给一头小猪当妈妈，操的心是不一样的心。最重要的是我们都要让孩子健康地成长，学到他们应该学的知识。

我们应该只关心他今天成长了没有，而不要关心他为什么没有长成家长心目中的样子。

我们还要让家长明确：房子工作可以换，但是不能换自己的儿女。所以我们只有付出让他好好地成长。

我们要让家长明白：不以物喜，不以己悲，但不必要进亦忧，退亦忧。应该是先孩子之忧而忧，后孩子之乐而乐。因为教育的规律是取法乎上，得乎其中；取法乎中，得乎其下。

我们最终的目的是：学校要和教师和家长一起成长。只有家长成长了，孩子才能成长。

八、DCS 教育变革之向

未来的学校要改成什么样？是一个人人能参与和共享的学习中心，淡化行政管理，学习内容项目化，教育职能陪伴化，家庭学校社会一体化，学校活动丰富多彩化。

（一）教育行业具有服务的功能。

一直以来，我们始终把自己从事的既高尚又伟大的工作视为太阳底下最光辉的职业。2001 年，教育部启动了第八次课程改革，一个显著的特点是增加了课程选择权。这意味着课程已经成了学校提供的"服务"，学生成了选择的主体，学校则以提供服务的形式赋予学生自由选择课程的权利，教育也因此具有了显著的服务功能。为此，国家、地方和学校已经对课程进行了整合和梳理，共计诞生了数百门校本课程，其中大部分是选修课。即使是数学、物理、化学、生物这样的基础课程，也衍生出了几个不同难度的分层课程，学生可以根据自己的需求选择不同进度的数学、物理、化学、生物课程，其他学科也类似。

当教育行业转化到服务立场，研究学生需求成了做好教育工作的前提。而学生需求千差万别，因此对话、谈心、咨询、诊断等成了学校教育工作的重头戏。师生平等成为校园生活的基础状态，传统的教师角色无法适应这种情况，他们需要放下身段，敞开心扉，以平等的长者身份与学生进行对话、沟通和合作，共同成长。教育行业必然将客户（学生、家长、社会）满意度视为衡量学校工作的重要指标。

过去的教育可能仅仅需要获得上级的认可或让家长满意，学生的痛苦与快乐都是我们取得成就的代价。然而，今天我们必须将学生的酸甜苦辣铭记于心，并把创造快乐校园作为共同的追求，从学生的角度评价学校工作已经成为常态。

（二）师生关系平等 = 缩小权力。

在以往的校园里，我们按照行政组织的构架，把学生划分在一个个行政班里进行管理。在威严的教育管理大棒面前，每一个学生首先想到的就是保全自己，于是，表面上变得很乖，而内心想的到底是什么却很少有人追问。学校就这样把一批又一批看上去规规矩矩的学生送出了校门，任由他们在社会上暴露自我。教育在校园里也就失去了应有的机会。

真正的教育需要面对真实的学生。教师不该在和学生谈话时就带着一定要说服学生的先入之见，对话应该平等。我们校园里应该有一种师生平等的氛围。尊重、包容、聆听弥漫在课堂内外的角角落落，爱、帮助、欣赏在校园内到处绽放灿烂。以最少的管理和最小的行政权力推动教育的巨轮，平等的师生关系才会现身。

（三）少一些说服，多一些对话。

在教育工作者传统的词典里，我们赋予了"教育"太多的责任和压力，当压力一旦过度，我们全然忘记了目标，说教便成了全力以赴的常态。于是传统的校园里教多育少，早已构筑起了一个学生成长的样式，将本来千姿百态的学生一一地嵌进去，如果其中哪一位不肯就范，说服就成为我们首要的工具。

由于已经习惯，我们并不去以同理心换位思考，甚至也不去探讨其中是否有合理合情的成分，经验、权利交织着一些所谓的教育经验和"机智"，最终学生几乎无一例外地全被征服，我们的想法终于嵌入了学生的脑颅替代了他们的想法，我们就有了一次次获得教育"成功"的故事，成就了前仆后继的许多教育先进工作者。

但是，校园里却越来越缺少学生的热情。当我们不去发现学生们身上那些充满希望的幼芽，"育"也就没有了对象。

所以，我们应该少一些说服，多一些对话，在师生对话中，教师把自己和学生都看作平等的一方，自己的想法与学生的想法放在一个天平上权衡。这样一来，教育也就变得理性，教师可以淡定从容，学生也可气和心平，教育的效益却大大增加，其持续性、持久力也非同平常。当我们放弃一定要说服别人的习惯，便会欣喜地发现，在学生们坚持的观点里正有着我们的追求；在学生们追求的理想中，正有着我们的坚守。只是过去我们从没有认真审视过学生们的想法罢了。

更加重要的是，由此生长起的学生的思考。当学生的想法时时得到呵护，创造的幼芽随时得到浇灌的时候，他们的想法便如雨后春笋，于是，对话的机会在校园里便会随处可遇。

（四）让教室成为学科的领地。

曾经有人在学校里做过一些调查，让学生写出自己喜欢的十个地方。教室，这个学生天天待的地方，却不在这十个地方之列。

在传统的教室里，所有的学科教学都面对着同样空洞苍白的教学环境，教数学和教语文只不过是换了一副面孔，课桌上换了一套课本。而属于相对固定学科的大量的教学资源无法进入学生学习过程，本来有着天壤之别的学科，却在用着完全相同的教学模式，违背规律必然成为常态，单调、无聊、低效、枯燥也一定是必然的学习生态基本特征。

好的教育特别强调环境育人的力量。然而，作为教育最直接的环境——教室，在育人系统工程中所发挥的作用却总是被忽略。

其实，每一位教师都应该拥有一间自己的学科教室，拥有自己的兴趣研究室。教室应成为学科学习的重要载体，从图书、挂图到药品仪器，从作品张贴到学习方法介绍，每一个角落都彰显着专业和学术，当师生共处这样一个环境的时候，他们会发现，过去只能靠嘴和耳朵才能进行的学习，今天变得生机盎然，尤其是当观察、演示、实验、模拟、讨论交流与网上游历变得如此便捷时，学习也变得好玩有趣。

教室是负载教育功能的场所，必须要具备教育的气氛，这就是尊重学科学习的规律。而学科教室的建设，完全按照学科学习的需要配置资源，依据学科学习的规律装点环境，努力创造条件让学生能够手脑并用，听说并重，学习生态自然平衡而和谐。

教师的力量还来自人格。有了主人的教室洋溢着不一样的个性，温馨、深邃、静谧、梦想、追求、压力，成了教室不同的主题词。于是，有着不同需求的学生便有了不一样的去处，当然，需求也会随着时间和心境的改变而改变，于是，选择也就成了学生的家常便饭。

教室的力量还因为同伴，那些相约自修于同一间教室的同学，有时甚至是不同年级的同学，有的因为相同的志趣，有的因为共同的目标，有的因为相互合作，有的需要比肩竞争，他们因为各种缘由走到一起，却因此创造出相互影响的教育情境，这些本来的受教育者，却在不自觉间成为一种创造学习氛围的教育资源。

学生需要在自己喜欢的地方上学，需要在更专业更有兴趣点的、更有浓郁氛围的环境当中学习，这就叫熏陶。

当教室不再是一间笼统概念的教室，它带有斑斓的色彩和鲜活的性格，这样的教室才真正具有了教育的力量。

（五）选班选课，让学生成为自由独立的个体。

有经验的教师都清楚，只有当学生在内心深处明确地认定自己不属于任何人，并且可以在许多团队中扮演不同角色时，他们才真正长大。在一个成熟的社会里，我们更需要的其实是团队精神。简单地说，就是大局意识、协作精神和服务精神的集中体现。团队精神的基础是尊重个人的兴趣和成就，核心是协同合作，最高境界是全体成员的向心力、凝聚力，反映的是个体利益与整体利益的统一，并进而保证组织的高效率运转。

做过学生工作的教师都清楚，从组建起一个新的班集体，到形成一个有着凝聚力、向心力的团队，往往有着一个漫长的过程，这期间既要智慧与汗水，也需要耐心与等待。当这样一个结结实实的集体形成之后，每一位学生在其中很容易固化已有的角色。有时候，由于过分强调集体利益，则往往在不同程度上侵犯甚至剥夺了集体内的个体利益。表现在班集体管理中，以牺牲学生个人发展为代价的大量一刀切行为往往成为常态。

选课走班，对我们的教育追求是一次机遇，如何使学生在融入1N多个教学班集体的过程中，既是每一个团队的一员，又不再是班集体的附庸。在这些集体里，协同合作是为了集体中的每一位个体的成长，凝聚力与向心力既来自每一位个体的境界，又为了最大限度促进每一位个体，这样的集体才能使个体利益与整体利益高度统一。

当学生在内心深处明确地认定自己不属于任何人，他们可以在许多团队中扮演不同的角色时才真正长大，也逐步有了一些公民的样子，这时候，他们的肩上也就有了沉甸甸的责任。也只有这个时候，当他们再融入任何一个新的集体时，我们才会从他们身上发现未来社会需要的团队意识。

（六）开放和融合将成为一种教育常态。

传统意义上的教学是由一个个的学校独立完成的，所以就有了普通和重点之分。在这个过程当中，不论是什么样的学校与社会的沟通和交流都是非常少的。但是历史上从来也没有过一个时期学生的眼光被那么多高科技的、新奇发现的各种社会元素所吸引。学校已经成了这个社会上的超稳定结构。

我们在50年代曾经提倡过开门办学。"不但要学工学农学军，还要批判资产阶级。""学制要缩短，教育要革命"。现在历史真的发展到了一个学校不得不开门办学的时代。否则我们就不能用最为先进的理念和技术来教育孩子，但我们都清楚，孩子不能拿着旧船票上未来的船！

所以，今天的教学改革必须借助家长和社会的力量来完成，不但家委会越来越起到更为重要的作用。当地有特色的工矿企业、风土人情、文物风景、历史文化、社会公众人物都是孩子学习的优质资源，这都是活的课程。

所以，未来的教师将不再是一本教科书教到底的教师，而是能够整合各种社会资源、文化资源对孩子进行全面熏陶的教师。

由上述分析，我们可以将 DCS 教育变革的未来方向与走向理解为：教育重在引领孩子的精神成长，帮助孩子构建适合自己的学习方法。所谓精神成长就是要教育孩子形成健全的人格，形成健康的体魄。

人格为先，五育并举，从人格基础的自然人、社会人、精神人出发，形成"健美智"全面发展的治学理念，确立符合学生"天性、人性、灵性"的课程体系。

要达成这一目标的实现，必须要尊重教育规律，教师要教好学生，首先要尊重学生的人格，对每一个孩子提出符合其个性成长的期望，在教育的过程当中，要和孩子达成心灵交融，只有走进孩子的心灵，才能引领孩子的成长，才能成为孩子的精神赋能者。一句话，尊重孩子的差异，特别是对学科学习弱项的孩子的尊重，才是最大的教育公平。

我们的教育必须要以中国的传统教育思想为基础，融合西方教育的成果，并且在以往探索的基础上，在融合地方文化的条件下，形成一个全面尊重孩子个性化成长的开放教育模式。

我们一定要给学生更多的自主空间，适当地降低学科的基础标准，把大部分的精力用于拓宽学生的各方面素养。孩子的自主是各式各样的，也是变化不定的，自主的内容和方法千差万别，更重要的是、这种差别应该得到学校和教师完全地尊重以及相应地培养。

我们的教育改革不要在原来的轨道上修修补补。现在的高铁无论如何不能走在以前的钢轨上。我们需要停下来想明白我们为什么要出发？如果前面的路走歪了，是不是到了转向的时候？总之一句话，回归到教育的本质，这是教育走出困境的唯一出路。

对孩子来说，精神成长和知识增加是相辅相成的。所谓人才并举，精神成长加自主学习，并且帮助学生家庭教育实现自律、自学、自立的"三自"家庭教育构架。

我们要将家庭教育、社会教育与学校教育完美地结合起来，并赋予新的内涵，要鼓励学生养成好的习惯养成健康的人格。有家长督促学习，学校管理学习逐渐转化成自己的探究性学习、主动性学习。

我们要在尊重孩子个性化差异的基础上，让孩子形成自立型的人格。

在这个课程体系中个性化教育是其中的重中之重，核心素养的培养是其基点。中西融合、传统与现代契合、精神成长和课程学习的平台，是它的三个着力点。

我们的课程设置不但要将大科学和大文化相结合，而且要讲文理融合、大文化课程之间的融合，大科学课程之间的融合。还要将国家课程、校本课程、班本课程、生本课程完美地结合起来。

我们要建立适合于现在学生发展的评价标准，我们一定要明白教学的本质，不再是学习知识，不是考高分，而是引导孩子构建个性化的学习方式。

在我们的学校里，学生一定要睡眠充足，身体健康，我们要保证学生的运动时间、睡眠时间、饮食健康，要形成学生健康的生活方式。要让学生性格上勇毅自信，学习上自主能力强。

我们的教师队伍建设一定是要开放性的。网络平台、学生家长，社会精英、民间艺人，特别是学生自己，要坚持能者为师，学高为师，特别提倡一字之师、一题之师、一技之师。

我们一定要通过自己的努力，形成一个让教师陪伴学生成长、让学校陪伴教师成长、让社会陪伴学校成长的良好教育生态。用课内外生活的丰富性、探究问题的魅力来改变学生离不开手机的生活状态。

我们要实行学生参与学校的教学及生活管理，要让孩子自主管理自己，要让孩子们的脚步抬得高、踏得实在、迈得轻快，眼里要有光，心中要有梦，脑子里要有各种各样新奇的知识和想法。

为了达到这个目的，我们要对人格教育，这个教育本质的原点总结出二十四项核心素养：

人格基础的自然属性角度三项：健身习惯、做人习惯、学习习惯。

社会属性角度九项：爱社会、爱生活、爱劳动、上进心、责任心、感恩心、学习力、沟通力、思辨力。

精神属性角度九项：世界观、人生观、价值观、道德感、理智感、美感、立言、立德、立志。

独立人格角度三项：自律、自学、自立。

九、DCS 教育变革展望

今天的基础教育学校教育变革必须抛弃应试教育的路子，抛弃深度"内卷"的竞争思维，摆脱家庭的教育焦虑和沉重负担，回归学校教育作为基本公共服务、公益性的义务教育本质。

如今，党和国家高度重视教育的健康发展，从教育强国的战略高度加强现代学校教育治理的现代化，聚焦教育高质量发展。自 2021 年 7 月 24 日，中共中央办公厅、国务院办公厅印发《关于进一步减轻义务教育阶段学生作业负担和校外培训负担的意见》以来，各地区、各部门结合实际认真贯彻落实。中共二十大以后，更是把实现教育高质量发展、建设教育强国作为教育发展的重要战略。党和国家对持续推进教育改革方向和政策是明确而坚定的，每一位教育工作者都应该有清醒的认识和统一的行动。

教育是为社会发展服务的。如今，社会科技高度发达，人工智能、大数据、物联网、脑机接口等高新技术蓬勃发展。许多行业已经实现了自动化、智能化作业和办公，社会对未来人才的需求已经发生了根本性变化。回顾中国教育的过去，探讨中国教育的未来，我们必须积聚发展的智慧，顺应改革的趋势，破解面临的难题，巩固来之不易的成果，推进教育强国的建设，办好让人民满意的教育，让教育成为人民群众追求美好生活的推进器。

展望未来学校教育变革，我们认为未来学校自主改革应聚焦在如下方面。

（一）立足课程标准，让知识传授更精准，课后服务更有趣。

多年来的教育发展取得了巨大的成就，但区域社会的教育生态也出现了功利化的状态。国家出台"双减"政策，就是要让教育回归本真的状态，回到良性发展的状态。

课堂教学质量依然是核心。在以升学为主导的教育过程当中，人们普遍认为提高分数就是王道。"双减"之后，应该从原来显性的、短期的、工具性的价值追求，转向长期性的、体现教育本质的总体价值追求。基于学生的全面发展，聚焦核心素养，促进孩子的发展可持续，创建以学生为中心、项目设计和执行为主的学习模式，让孩子的学习和成长回归教育的本真。

国家制定义务教育阶段的课程标准，学校和教师应该把课程标准作为提高课堂教育质量的抓手，使课程标准真正在课堂当中落地。课堂教学过程中，要体现精准高效的原则。作为课后服务的关键环节，作业则是体现教育改革的重要形式。学校应该设计特色化的作业，培养学生学科素养的同时，提高学生的个性化兴趣特长。这种作业模式主要可以体现三个原则。一是以人为本，让作业回归育人的本位。二是素养导向，以孩子核心素养的生成为导向，特别是关键能力的培养。三是多元整合，跨学科的学习整合推动孩子的多元智能发展，将德育、智育、劳育、体育、美育融为一体。

积极教育有"PERMA"之说。P是"积极的情绪"，E是"投入"，R是"积极关系"，M是"意义感"，A是"成就感"。教师和孩子们建立融洽的师生关系，积极投入自己的教育教学过程当中，同时让孩子们在丰富多彩的活动中获得积极的情绪体验，让学生感受到学校每一项活动的意义，教师和学生能够同时获得成就感，

（二）校家社教育有序有效链接，促进教育均衡发展。

从成长心理学角度说，人的成长过程有三个阶段。首先是浪漫化阶段，强调思维上的自由，教学上面的适当引导，学生在这个阶段里应该有探索，有激情。第二个阶段，是精确化阶段，强调纪律和专注集中，保证知识精确。如果没有浪漫化的阶段，孩子很难体会到生命的意义，这也会对随后的发展带来不良影响。过度重视应试教育，容易造成内卷。过去的测评，通过分数来呈现，造成孩子过分以自我为中心，这不是中华民族复兴所需要的孩子。教育必须立足于孩子的一些兴趣爱好和综合素质发展，给他们提供具有选择性的课程。

因此学校和社会、家庭进行有序有效地链接，共同承担

教育责任就成为未来教育的一条必由之路。尤其是家庭教育更是我们必须重视的一环。习惯培养、规则意识、敬畏之心、健康心理，这应该是家庭教育的内容。这些习惯直接影响人们未来生活的幸福指数。人的幸福基因在教育当中的比例，家庭教育占比是 50%，学校教育是 30%，社会教育是 20%。实现一种"教师陪学生一起成长、教师与学校一起成长、学校与社会和家长一起成长"的有效有序链接。

我们要共同陪着孩子一起站在跑道上，这条跑道绝对不是原来讲的"不要让孩子输在起跑线"上的由他一个人在奔跑的应试跑道，而是漫长人生的马拉松赛道。家长也伴随孩子成长感受到一种成就感，这就是教育的幸福。

（三）超越功利主义教育价值观，让文化浸润学生内心。

最新的一系列教育新政策，传递出告别唯分数论和短期功利主义的明确信号，这是教育价值体系转换的显著标志。学校应该抛弃以前种种立竿见影的、急功近利的、不符合教育规律的做法，回归到教育的初心。

每一个教育工作者应该眼中有人，心中有爱，把孩子放在学校最核心的位置，教育应该使每个孩子发现自己最大的潜能，成为最好的自己。

学校的功能是知识的传递、能力的提升、思维的培养、人格的形成，学校教育具有立德树人、培根铸魂的功能，为孩子成长提供更多的可能性，提供宽广的施展平台和成长空间，让孩子可以体验到百味人生，让孩子明明白白地找到自己：发现自己的特长，发现自己的优势，发现自己的缺点；构建自己的知识体系，丰富自己的内心世界，构建崇高的家国情怀。

学校要建立一种和谐的富有滋养的文化氛围，让孩子能够体会到知识独特的魅力，知识传递的奇妙，更让他们感受到思想情感的成长与丰满，让为人处世的方式和价值追求沉淀在孩子的基因里。

我们相信，当从教育本真出发时，孩子就会呈现出积极教育下阳光自信向上的特质，学习成绩的优异会水到渠成。

那么，面向未来的学校教育发展，我们要做好充分准备。

第一项准备，就是让学生学会学习，学会问题式学习。

传统的教育往往只是重视知识的单向传输。教师对学习往往提出一个目标，然后指定项目的完成。而在问题式学习当中，教师要鼓励学生一起设计项目。他是学习者，面临着一系列个人和团队的挑战，它是一种以探究为基础的学习框架，学习的过程，更具有相关性和趣味性。

当前的社会，在教育之外的领域，技术已经带来了翻天覆地的变化，技术已经深度介入了我们的生活，对学校教育的介入程度还不够，其中原因与教师队伍不无关系。这牵扯到方方面面的社会问题，教育者本人是目前技术介入教育的最大障碍，没有成为真正的推动者。未来的智能机器人可能会帮助教师更好地从事教育工作，未来的教育也必将进入人机共教的新时代。技术不仅仅是现代成年人教育下一代的工具，它更是一种人类生态系统。因为我们的孩子是"数字原住民"，他们从小就开始接触计算机电子游戏、手机、平板电脑，他们生下来就生活在一个互联网的世界里，由这些设备构建的虚拟平台和生态系统，就是他们的成长环境。

如今的我们也要将技术变为我们教育生态的一部分来经营和运用。

举一个简单的例子，我们一些人还记得电子邮件、QQ聊天工具，但是现在的年轻人、现在的"数字原住民"极少使用这些工具，所以如果我们想走进他们的内心世界，就必须和他们一起"喜新厌旧"。技术解锁教育的关键在于改变教育的生态系统，而不仅仅是由书本上学习知识变成屏幕上学习知识。我们没有走在时代的前沿，我们已经被技术世界甩在了后面。技术与教育理念、教育内容、教育方法之间，必须找到一种共生的关系。我们不是为了利用技术而购买技术，更不是为了炫耀自己已经赶上了时代去使用先进技术设备，而是要真正地应用技术。我们大多数的学校对于技术的运用不是运用而是"躺平"，我们希望像以往应对历次教育变革一样，随着水涨而船高。技术发展的深度介入，它会带来一个行业的根本性变革，就像我们现在已经不用微信聊天、发语音信箱是一样的道理。

第二项准备，学校教育不再是学生学习的唯一途径，校外、课外教育分量变得越来越重。

在新时代，孩子们展现出的社交能力和技术运用的娴熟度以及他们身上那种勇于探索、富有创新精神的潜力，这一切都与我们这代人迥然不同。在现实探索过程中，他们所掌握的知识和掌握的技能远超过我们在学校里所能接触到的。教师们其实已经感受到了这种趋势，那就是在某些方面，我们早已被学生赶超。

以一个具体案例为例，有一名学生对飞机坠毁事件有着近乎偏执的兴趣。他已经通过观看视频自主学习，掌握了超过一百种飞机的型号以及其坠毁原因。然而，他在这一领域缺乏人际交流和教师的引导，未能建立基于飞机坠毁事件的完整知识体系。这名学生已经形成了一个狭窄而陡峭的知识高峰，就像一根细针矗立在书桌上，显得非常脆弱，随时有可能被推倒。然而，他的坚持与顽强也使他在某些方面与周围环境显得格格不入。因此，对这名孩子的教育我们必须采取特殊的方法，以满足他的特殊需求。

未来的学校和学习的方式都应该发生变化，如果你希望世界有所改变，不要去想，要真正付诸行动，社会在倒逼着教育对这个急剧变化的世界做出回答。

工业革命时期，只需要从业者具备读写算的能力，教育知识积累并不多，而社会发展需要集中授课，培养出大批的产业工人。现在我们不一定到图书馆去找书看，不一定只有到学校去才能学知识。现在的人们可以随时查找学习所需的内容，可以自由地选择学习的地点和学习的内容。况且每个人需要学习的内容和方向都不一样，所以社会机构、学校和教学内容都必须进行革命性地重构。重构过程需要国家力量参与，进行科学地整合，建立一系列的教育标准，保证正确的教育价值观和学习价值观，保障基本的读写能力的实现，并在此基础上，个性化的学习将成为主流。我们现在已经很难用简单的课程把孩子的注意力集中在教师的讲解上，这是中国教育面临的最现实的问题。

第三个准备，迎接学校治理新生态。

任何变革的关键都在于领导层，在这方面，东长寿学校是一所幸运的学校，许多学校都因为行政原因，几年一换校长，校长变了，其改革的思路和进程都会发生变化，而东长寿学校保持了十几年近二十年校长不变，这非常有利于主导一个完全系统性的变革。

经过十几年的教育改革和探索，东长寿教育在"身心灵""双尊""铸魂"的教育改革之路上，已经留下了许多有效的经验和鲜活的足迹，拥有良好的社会氛围和成就教育梦想的教师团队，这是这所学校不断取得发展的基础。

当前，我们所面临的挑战是学校内部管理模式稳定，学校教学与社会接触很少，而教育体系当中的学生和教师都依赖于该管理模型。我们一直在努力推进学校内部管理的变革，一直没有停止，但都是修修补补，不是一场根本性的变革。而现在的变革是要升级整个教育生态系统。因此这场变革不应仅仅是从学校教育系统内部发生的，它还必须要将学校、家长、社会联系起来，全方位地协调统一，学校才能成长为培养创造力和创新思维的沃土。

简单地说，DCS 学校教育变革，就是追求从被动的教育模式转向积极的学习模式，从以课程学习为主的学校教育变成开放的、学校、社会、家庭共同参与的综合性的成长教育。

未来 DCS 学校教育变革，将出现下述创新性改变：

第一，学校领导职能实现创新性改变。这场改革虽然是由校领导发起的，但是最终要走向学生的自我发展与成长需求，以学校提供的教育条件进行直接的自组织管理。

与此相应，学校的行政管理能力将会逐渐地过渡到学校多元主体的自组织管理新范式。

第二，教师工作形态的创新性改变。教师将成为学生成长的助手和陪伴者。学生和教师的自组织能力将会得到相当的发展空间。未来，一个个的具有自组织能力的项目学习小组将与传统的班级管理产生纠缠、区隔并最终取代。

第三，教学组织形态的创新性改变。未来的学生不再只有统一的课程表，而是自己按照自己的速度和节奏进行学习。大数据可以帮助我们去分析学生的学习状况，根据学生个人的需求制定学习计划，同时根据各个项目学习小组的参与者数量及课时大小去设计临时的讲堂或名师线上视频、线下辅导课。

第四，教学评估机制的创新性转变。如今，学校教师无须参与评选优秀教师，反而，他们会自主地成长为具备现代网红与明星特质的专业知识形象代表者。这使教师的最高价值不再受限于其在学校的地位或国家授予的职称等级，而取决于学生、家长及社会对他的认同。对未来教学成果的认可，将摒弃过去以各课程均达到优秀甚至满分的综合评价方式，转而采取一种全方位开放的、注重综合能力发展以及个人特性选择的评估体系。我们期待能激发每个人发挥自身优势、实现个人兴趣和选择成就自己。我们必须承认，无论孩子的未来成功与否，都不应将教师的期望作为其人生目标，这才是实现真正改革的首要目标。我们将从内心深处对教育核心价值目标进行重塑。我们必须认识到自己教育观念的偏颇。在这个世界上，没有任何两片雪花完全相同，一棵树上没有两片叶子完全相同，每个人都是独一无二的，他们都是带有自我追求的个体，这种独特性至关重要。就如同我们必须确保生物的多样性一样，只有将人视作个体，拒绝使用平均标准作为衡量其成功与否的标准，我们才能真正学会如何让教育改变孩子们的人生。

第五，教育时机的创新性发现。学校教育要让每个孩子在"最佳教育效应点"上"啐啄同时"。这就像我们传统所说的老鸡孵小鸡的时候，到了关键的时候，小鸡从里面发出呼唤，老母鸡也在同时把蛋壳啄开，错过了这个时间，小鸡就有可能憋死在里面，这就叫"啐啄同时"。教育改革最重要的方向就是鼓励教师去寻找这个时间点和着力点。

第六，学生内在动力的创新性激发。最好的教育不是看了多少书，而是是否激发出了孩子的内在动力。教育最重要的不是要给孩子知识，而是要找到学生本身的天赋兴趣和热情，并以此激发学生努力学习的内在动力。如果一个人有足够的动力，就很难有什么事儿能阻挡他成功。孩子可以记住很长的歌词，却总也记不住五分钟前学过的数学公式，他们能在电子游戏厅里玩儿一个晚上，甚至连续几天，却不能够在一个小时之内集中精力做物理化学作业；有的孩子可以打篮球，摔几个跟头跌几次脚，甚至手指被戳伤，都无所畏惧，却怕抄写英语课的单词。所有这一切都可以用"动力最关键"来解释。

第七，学校发展与现代科技的创新性交融。技术已经在教育之外的其他方面都带来了翻天覆地的变化，共享经济以及社会共享的理念，正在深入社会生活的方方面面。

第八，校教育指标认知链条的创新性构建学。传统的教育模式是教师主导学生学习的方式，知识的传递是单向的。挑战式学习则强调学生自主发现兴趣点，以项目式学习模式为依托，使整个学习过程具有相关联性和趣味性。这种学习方式充满了各种挑战，从而推动了技术的广泛应用。

县域基础教育变革实践之路

办好人民满意的教育。教育是国之大计、党之大计。培养什么人、怎样培养人、为谁培养人是教育的根本问题。育人的根本在于立德。全面贯彻党的教育方针，落实立德树人根本任务，培养德智体美劳全面发展的社会主义建设者和接班人。坚持以人民为中心发展教育，加快建设高质量教育体系，发展素质教育，促进教育公平。

——摘自中共二十大报告

县域基础教育变革实践之路

一、DCS 教育的课程观概述

当前，就学校发展的具体工作而言，有两个重要的行动参考，一个是国家颁布的课程标准，一个是"双减"政策。课程标准是学校必须要完成的教学任务，"双减"政策是在完成这一教学任务过程中必须遵循的行动原则。

（一）新课程标准概述。

1. 课标的重要性。

课程标准是学校教育教学的根本遵循，是育人蓝图，起到教学育人工作"准绳"的作用。2022 年修订颁布的课程标准重在从学科立场走向教育立场，突出核心素养立意、育人导向；优化课程内容结构；强化学科实践及跨学科主题学习；践行素养导向质量观。课程标准有可操作性，"新课标、新教材、新学案、新课堂、新考评"构成了课改的完整链条。

2."课标"的亮点：课程核心素养。

学生核心素养，采取通过学科课程素养认领形式来推行，想得到美丽的育人目标－看得见风景的课程核心素养－走得到景点的教学目标，构成了切实可行育人目标行动图。

可见，课程核心素养是课程的基因，一根红线贯彻修订全过程，是课程育人价值的体现，是各学科课程在落实立德树人根本任务中的独特贡献，是学生通过课程学习之后逐步形成的。

3. 育人总目标。

培养目标：培养有理想、有本领、有担当的时代新人。

所谓"有理想"，指学生从小要树立远大目标，培养积极的生活态度，对美好生活有向往和追求。

所谓"有本领"，指学生要学到能够运用于实际、满足生存需要、服务于社会的知识和技能。

所谓"有担当"，就是培养责任意识，发挥个人能力，做时代的主人。

4. 核心素养。

核心素养是指个体在面对复杂的、不确定的生活情境时，能够综合运用特定学习方式所孕育出来的（跨）学科观念、思维模式和探究技能，结构化的（跨）学科知识和技能，世界观、人生观和价值观在内的动力系统，分析情境、提出问题、解决问题、交流结果过程中表现出来的综合性品质。

通俗说，是学生应具备的、能够适应终身发展和社会发展需要的必备品格、关键能力和正确价值观。

核心素养分为文化基础、自主发展、社会参与三个方面。如图所示：

核心素养图示

5. 学科核心素养。

学科核心素养的基本特征，是以学生发展素养为核心追求。

学科核心素养是对能力、情感、态度学科三维目标的整合，是确定学科课程标准、学科知识体系、学科质量标准的依据和导向，学科核心素养以结构化的学科知识与技能体系为重要载体。课程核心素养，是该课程育人价值的集中体现，是该课程实施在落实立德树人根本任务中的独特贡献，是学生通过该课程学习之后逐步养成的关键能力、必备品格和价值观，它具有整体性、情境性、反思性。

（1）语文学科素养。语言建构与运用；思维发展与提升；审美鉴赏与创造；文化传承与理解。

义务教育阶段：文化自信；语言应用；思维能力；审美创造。

（2）数学学科素养。高中：数学抽象；逻辑推理；数学建模；直观想象；数学运算；数据分析。

义务教育阶段：会用数学的眼光观察现实世界；会用数学的思维思考现实世界；会用数学的语言表达现实世界。

（3）物理学科素养。物理观念；科学思维；科学探究；科学态度与责任。

（4）化学学科素养。高中：宏观辨识与微观探析；变化观念与平衡思想；证据推理与模型认知；科学探究与创新意识；科学态度与社会责任。

义务教育阶段：化学观念；科学思维；科学探究与实践；科学态度与责任。

（5）生物学科素养。生命观念；科学思维；探究实践；态度责任。

（6）英文学科素养。语言能力；文化意识；思维品质；学习能力。

（7）历史学科素养。唯物史观；时空观念；史料实证；历史解释；家国情怀。

（8）地理学科素养。人地协调观；综合思维；区域认知；地理实践力。

（9）科学学科素养。科学观念；科学思维；探究实践；态度责任。

（10）劳动学科素养。劳动观念；劳动能力；劳动习惯和品质；劳动精神。

（11）艺术学科素养。审美感知；艺术表现；创意实践；文化理解。

（12）信息技术核心素养。信息意识；计算思维；数字化学习与创新；信息社会责任。

（13）体育与健康核心素养。运动能力；健康行为；体育品德。

（14）道德与法治学科核心素养。政治认同、道德修养、法治观念、健全人格、责任意识。

课　程	培育的核心素养
道德与法治	政治认同、道德修养、法治观念、健全人格、责任意识
语文	文化自信、语言运用、思维能力、审美创造
历史	唯物史观、时空观念、史料实证、历史解释、家国情怀
英语（日语、俄语）	语言能力、文化意识、思维品质、学习能力
数学	会用数学的眼光观察现实世界，会用数学的思维思考现实世界，会用数学的语言表达现实世界
地理	人地协调观、综合思维、区域认知、地理实践力
科学	科学观念、科学思维、探究实践、态度责任
化学	化学观念、科学思维、科学探究与实践、科学态度与责任
物理	物理观念、科学思维、科学探究、科学态度与责任
生物	生命观念、科学思维、探究实践、态度责任
体育与健康	运动能力、健康行为、体育品德
信息科技	信息意识、计算思维、数字化学习与创新、信息社会责任
艺术	审美感知、艺术表现、创意实践、文化理解
劳动	劳动观念、劳动能力、劳动习惯和品质、劳动精神

（二）新课程建构原理。

2022版课程方案和课程标准主要以布鲁纳、施瓦布的学科结构化相关理论及实践课程论为依据。换句话，这次课程改革是从发现学习、课程结构视角来全面引进、学习布鲁纳的思想观点，教学评价与韦伯 DOK 理论①基本吻合。

施瓦布实践课程蕴含着真实性、探究性、情境性以及过程性等特性，提出学科结构的三种含义，即学科间的组织结构、学科的句法结构、学科的实质结构。

布鲁纳是美国著名的认知教育心理学家，他主张学习的目的在于以发现学习的方式，使学科的基本结构转变为学生头脑中的认知结构。因此，他的理论常被称为"认知 - 结构论"或"认知 - 发现说"。

1. 课程方案中的核心观点。

（1）任何学科以一定的知识的正当形式，能有效地教给处于任何发展时期的任何儿童。

（2）学习的本质不是被动形成"刺激 - 反应"的联结，而是主动形成认知结构。

（3）学习过程包括获得、转化和评价。

（4）教学原则：动机原则。动机类型：好奇内驱力、胜任内驱力和互惠内驱力。结构原则，任何知识结构都可以用动作、图像和符号来呈现。类型：动作性表征、映像性表征、符号性表征。程序原则：强化原则，及时反馈。

---

① 1997 年，美国教育评价专家韦伯提出了"知识深度（Depth of Knowledge）"，简称 DOK 的理论，提出如何基于课程标准来实施学业成就评价的程序、方法和具体技术。DOK 理论和方法主要指向教学任务、活动和任务的设计，是推动学生深度学习和积极参与的学习工具，成为培养学生高阶思维的教学设计工具。

（5）发现学习的四个作用：提高智能的潜力；外部奖赏向内部动机转移；学会将来做出发现的最优策略；帮助学生的信息保持和检索。

（6）发现学习的四个特点：强调学习的过程，强调直觉思维，强调内部动机，强调信息的组织和提取。

2. 关于学科基本结构的观点。

任何一门学科都有它基本的知识结构。学生要掌握其基本结构，在头脑中形成相应的知识体系或编码系统。

（1）教学不能逐个地教给学生每个事物，而是使学生获得一套基本原理或思想，这是理解事物的最佳认知结构。为此，在教学活动中必须把各门学科的基本结构的学习放在中心地位上。

（2）无论是教材编写和进行教学活动，都应侧重于让学生掌握一门学科的基本结构。

（3）学习和掌握基本结构的五大优点：如果知道了一门学科的基本结构或逻辑组织，学生就能理解这门学科；如果学生了解了基本概念和基本原理，就能把学习内容迁移到其他情境中去；如果教材的组织形式具有很强的内在知识结构性，将有助于学生记忆具体的知识细节；如果给学生提供适当的学习经验和对知识结构的合适陈述，即便是年幼儿童也能学习高级的知识，从而缩小初级知识和高级知识之间的差距；有利于激发学生的学习兴趣和促进儿童智力的发展。

美国教育评价专家韦伯提出"知识深度即DOK"理论，该理论将学生的认识水平分成四个层级：回忆和重现、技能和概念、策略性思考和推理、拓展性思考。一个真正好的学习任务应该从问题解决与应用、思维迁移与创造层面来设计。

3. 各种目标分类比较。

布鲁姆目标分类	韦伯深度知识(DOK)模型	马扎诺目标分类		
		认知系统	元认知系统	自我系统
回忆	第一层级：回忆与再现	信息提取	目标设定、过程监控、清晰度监控、准确性监控	重要性检验、效能检验、情绪反映检验、总动机检验
理解	第二层级：技能与概念	理解		
简单应用				
复杂应用	第三层级：策略性思考	分析		
分析				
评价	第四层级：拓展性思维	知识运用		
创造				

注：黑色为高阶思维，灰色为低阶思维。

4. 课程与教学的基本规律。

不同的知识类型需要不同的教学方法和评估方式。安德森等的《布卢姆教育目标分类学（修订版）》将"知识"分为四种类型。

（1）事实性知识。有"术语知识"和"具体细节和要素的知识"两个亚类。

（2）概念性知识。结构化的知识形式，包括"分类和类型的知识""原理和通则的知识"和"理论、模型和结构的知识"。

（3）程序性知识。关于"如何做某事"的知识，指做某事的方法、探究的方法。

文本框架				逻辑思路 （要回答的基本问题）
一、课程性质				本课程的来源及其特征是什么？为什么要学习本课程？对学生发展有什么重要价值？
课程性质及教育价值				
二、课程理念				本课程的价值追求是什么？如何通过课标的各部分来落实？
目标 理念	内容 理念	实施 理念	评价 理念	
三、课程目标				本课程对学生核心素养培育的贡献是什么？其进阶水平是怎样的？（课程目标是核心素养的具体化）
共时性／历时性	（一）核心素养内涵	（二）目标要求		
结果	1. 要素及内涵	1. 课程总目标		
过程	2. 学段特征（素养进阶）	2. 学段目标		

（续上表）

四、课程内容		
内容结构图：（一）内容单位 1.内容要求 2.学业要求 3.教学提示 观念 主题 任务 （二）内容单位2 …… （三）内容单位3 …… （N）跨学科主题学习——跨学科内容		给学生提供哪些经验（内容及其基本活动）未达成课程目标？
五、学业质量		
学业质量内涵	学业质量描述	
六、课程实施		
教学建议 | 评价建议 | 教材编写建议 | 课程资源开发与利用 | 教师培训与教学研究		

（4）元认知知识。关于一般认知的知识以及关于自我认知的意识和知识。从学科教学的角度，前两类相当于学科的内容知识，后两类是过程技能。知识类型与认知方式大致是对应的。比如事实性知识，主要是"知道"，记住并能回忆；概念性知识则需"理解"，表现为能够解释、举例、分类、总结、推断、比较、说明等。

事实性知识包括"术语知识""具体细节和要素的知识"，是相互分离的、孤立的、信息片段形式的知识。以往的基础教育主要在教这种类型的知识，强调"知识的覆盖面"，用"知道""记住"的方法。在应试教育背景下，则恶化为"死记硬背"和"题海战术"。

5. 课标基本框架。

文本框架	逻辑思路
一、课程性质 1. 什么是化学？ 2. 化学的功能（课程性质）及教育价值	本课程的来源及特征是什么？为什么学习本课程？对学生发展有什么重要价值？
二、课程理念 目标理念 | 内容理念 | 实施理念 | 评价理念 1. 充分发挥化学课程的育人功能； 2. 整体规划素养立意的课程目标； 3. 构建大概念统领的化学课程内容体系； 4. 重视开展核心素养导向的化学教学； 5. 倡导实施促进发展的评价。	本课程的价值追求是什么？如何通过课标的各部分来落实？
三、课程目标 核心素养内涵（三核心四素养） | 目标要求 核心素养： 正确价值观、必备品格、关键能力。化学课程的核心素养。化学观念、科学思维、科学探究与实践科学态度与责任。 | 形成化学观念，解决实际问题；发展科学思维，强化创新意识；经历科学探究，增强实践能力；养成科学态度，具有责任担当。	本课程对学生核心素养培育的贡献是什么？其进阶水平是怎么样的？（课程标准上是核心素养的具体化）

（续上表）

四、课程内容	
（一）课程内容结构 五大学习主题： 科学探究与化学实验、物质的性质与使用、物质组成与结构、物质的化学变化、化学与社会·跨学科实践。 五个内容维度： 大概念、核心知识、基本思路与方法、必做实验及实践活动。 （二）内容要求 （三）学业要求 （四）教学提示（教学策略建议；情境素材建设；学习活动建议等）	给学生提供哪些（内容及基本活动）来达成课程目标
五、学业质量 | 学业质量内涵	学业质量描述
---	--- | （一）学业质量标准是学生学业成就的具体表现的整体刻画，反映课程目标的达成程度。 （二）学业质量描述是学生在各类情境教学活动中的具体达成要求。	如何判定学生课程学习的结果？

6. 课标中的"内容要求""学业要求""教学提示"三者关系。

这三个部分缺一不可并内在关联。"内容要求"指向"学什么"——强调在结构中的、扎实的基础知识学习的重要性，防止知识虚化。"学业要求"指向"学得怎样"——结合教学内容要求，提出素养发展目标。"教学提示"指向"怎么学"——学习这样的内容、达到这样的要求，学生必须经历哪些典型活动，让课程 "活"起来、"动"起来。

7. 学业质量与学业质量标准。

学业质量指学生完成课程阶段学习后的学业成就综合表现。学业质量标准是以核心素养为主要维度、结合课程内容对学生学业成就表现的总体刻画，是过程、结果、考试命题依据。不是知识点成就表现，而是知识综合运用。依据核心素养发展水平，结合课程内容，整体刻画不同学段学生学业成就的具体表现，形成学业质量标准，引导教师把握教学深度与广度，为教材编写、教学实施、考试评价等提供依据。

8. 教学提示。

教学提示写作要求围绕学习活动经历，整合教学策略、情景素材、学习活动、教学策略，指出教学设计的要点和需要注意的问题。在情景素材上，建议使用与学习内容密切相关、能够体现素养发展要求的。学习活动上，建议指明必要的学习活动经历和过程基本学习方式，将学科思想方法和学生应形成的核心素养融入活动。

（三）新课程教学创新。

1. 大观念。

观念是一门学科（课程）知识内容体系中最有解释力、

统整力和渗透力的知识，内含学科思想、学科方法、学科思维，它就是核心素养在学科（课程）的体现。

大观念，在不同课程标准里有不同叫法，如语文课程标准提出"任务群"，其他课程标准还提出"主题""任务""项目"等，但本质上都强调以素养为纲，构建以问题解决为目标，以大主题、大任务、大单元等为形式的教学内容结构单位。

大观念，即一门课程中少而重要、强而有力、可普遍迁移的"概念性理解"。它一般由两个部分构成：一是能够形成一门课程逻辑体系的核心概念，二是由核心概念之间的关系所形成的命题、原理或理论。除此之外，不同单元主题和学习活动中也蕴含着与主题和活动相适切的大观念。

大观念能够实现对知识内容的精炼，对学科内容的重组，引导学生透过茂盛的枝叶从主干、根部吸收营养。

2. 大概念。

大概念亦称"大观念"或"核心观念"。威金斯认为，大概念通常表现为一个有用的概念、主题、有争议的结论或观点，反论、理论、基本假设、反复出现的问题、理解和原则。大概念可以表现为一个词、一个短语、一个句子或者一个问题。

大概念，是聚焦学科本质的核心观念、思维、价值观，它是对学科知识及相关概念间关系的抽象表述，对事物的性质、特征及事物间的内在关系及其规律的概括，具有相对稳定性、共识性、统领性等共性。

大概念是具体与抽象间的协同思维，是将素养落实到教学中的锚点。大概念有三种表现形式：

（1）概念，指对一类事物本质特征的抽象概括，这是大概念的一种典型表现形式。

（2）观念，表现为一种看法和观点，常常反映了概念与概念的关系。

（3）论题，即很难给出确切答案的大概念，主要出现在人文艺术领域。

如果要给大概念一个定义，就是指反映专家思维方式的概念、观念或论题，它具有生活价值。

大概念是指学科领域中最精华的内容。有限的课时与不断增多的知识之间存在着矛盾，这就需要以最有价值的大概念作统帅，摒弃细碎的知识学习，使课程内容结构化。

它揭示了知识的规律，使碎片化知识发生有机联系，不仅便于记忆，也利于学习新知，当学生遇到新情境与新问题时，可以迁移应用。

大概念可从如下方面发挥作用：

课程一体化建设，一体化强调学校课程的连续性和学科之间的关联性，贯通不同学段不同学科，其内在逻辑规律就是大概念。

大单元整体教学，教学难点在于找准单元整合的依据与标准，用大概念统摄与组织教学内容，使离散的事实、技能相互联系并有一定意义，大概念就是科学、合理进行课程整合的基点。

基于理解的教学设计或逆向教学设计，基于大概念教学，具有明晰的学习目标，有效的表现性任务，有利于学生自主、合作、探究学习，完成学习成果。

促进学生深度学习，基于大概念的学习，是有组织的结构化学习，是能有效迁移的学习，是学以致用的学习，这都是深度学习的应有之义。

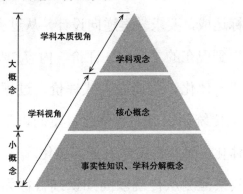

聚焦"大概念"的学科知识结构"金字塔"

学科让学生重点学什么？有三次迭代：

1.0版：学知识，学前人结论

2.0版：学大概念，学迁移，学学科思维

3.0版：借助学科学会思维，提升思维品质，多个角度观察世界、思考世界、表达世界。

可见，从学结论－学学科思维－用学科学会思维，是学习目标迭代升级。

3. 教学评一致性、一体化。

教学目标、教学内容（活动、任务设计）与教学测评，三者互相照应，互相匹配。目标是单元教学的起点和归宿，一切教与学的活动都旨在实现目标，因此，有效的单元教学需要以目标为出发点，遵循教学评一致性。

而"教学评一体化"，是指这三方面的融合统一。是否统一的判断标准是学习目标，"一体化"更关注目标设计尤其是目标达成，要求教案逆向设计，从过去的"目标－内容－评价"到现在的"目标－评价－内容选择"。

"教学评一体化"强调嵌入式评价、过程性评价、任务式评价，从传统知识点的一体化，走向以学习质量标准来落实的一体化、基于深度学习的一体化。

同时，效果检测从传统双向知识细目标为依据，升级为情境、能力、知识类型、核心概念的多维细目标。命题更关注情境纵向深入，思维、素养立意、设问更开放、答案更多元这四要素。

教学评一体化，强化了以大概念统整的单元整体设计，放大了整理课的作用。课堂从追求每一堂课的战术高效转向学科整体、单元的战略高效，从追求单一化理解走向全局性理解，为未来而学，为掌握大概念而学，为"事实－概念－主题－原理、规律－理论"的理解而学，远迁移而学，为"经验技巧、方法流程、学科原理和哲学视角"的思维模型层次升级而学。

"教学评一体化"设计研究哪些内容？

（1）目标定位得是否合适？是否适合学生学习？

（2）达成评估（设计）是否科学：评价什么？怎么评价？评价标准？谁来评价？

（3）根据目标设计的学习问题（学习任务）是否是结构化问题串？问题是否优质？

（4）根据问题设计的学习活动是否符合台阶式引领（组织形式＋活动步骤＋方式方法）？是否有利于学生思维参与？

（5）嵌入式评价是否与目标达成评估统一，能否利于学生高质量完成学习任务和开展学习活动（这里的评价可以有等级和分数）？

（6）先行组织是否实现新旧知识相连、激发学生内在动机（情境）、指向主问题（或整体安排一节课学习工作）？

（7）成果集成（传统小结）是否实现了知识或思维结构化，能够引领学生回顾反思一节课的学习？

4.大概念统领的大单元教学。

这些年的教学有两个演变，一是"知识点－知识单元－学习单元"；二是"单篇教学－单元整合教学－素养本位大概念（大单元）教学"。

大单元教学的定义可以这样表述：

以发展学生学科核心素养为追求，运用整体性和系统性思维，设计情境任务，整合学习资源、学习内容、学习方法等，让学生在完成学习任务的过程中习得知识和技能，并运用发展概念性理解，借助概念的迁移和协同思考，发展解决现实问题能力的一种课程组织形式和实施方式。

大单元教学，不外乎三个基本特征：

（1）目标定位上，追求可迁移的大概念理解。

（2）设计思路上，遵循逆向设计原则，目标统领，注重学习证据的设计，为具体学习成果的产出设计具体的语文实践活动。

（3）实践落实上，以具有驱动力、整合力和发展力的学习任务为组织形式。

大单元教学特点：

（1）目标阶位高，如，解决真实情境问题，以产品／作品为导向。

（2）教学单位大，需要教师将多个课时合在一起思考、操作。

（3）课程建设显，将目标、情境、知识点、课时、学习活动、教师指导、作业、展示、评估整合成一个相对独立的微课程。

（4）单元组织者，每个单元都有一个组织者作为"骨架"统摄所有学习活动。

大单元教学，以素养为纲，构建以问题解决为目标，以大主题、大任务、大单元为形式的教学内容结构单元，以学生学习行为的设计为主线，以问题或任务为导向，以学习项目为载体统筹考虑，强调真实情境、真实任务，强调在问题解决过程中渗透学科思维模式和探究模式，凸显学习过程的综合性和实践性，使学生经历完整学习单元，形成结构化整体性的核心素养。

5.跨学科主题学习。

新课程建构的综合学习，在路径上，体现为学科内知识整合学习、跨学科主题学习与综合课程学习三种类型。

在学理上，坚持"素养说"的内在逻辑，强调建立知识间、知识与生活间、知识与自我间的"联结"。在实践中，针

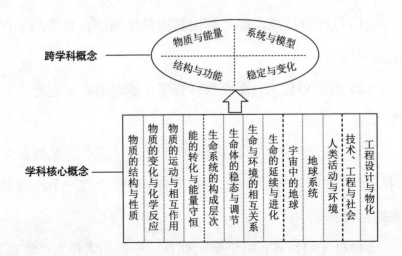

跨学科概念 —— 物质与能量 系统与模型 结构与功能 稳定与变化

学科核心概念 —— 物质的结构与性质 | 物质的变化与化学反应 | 物质的运动与相互作用 | 能的转化与能量守恒 | 生命系统的构成层次 | 生命系统的稳态与调节 | 生命与环境的相互关系 | 生命的延续与进化 | 宇宙中的地球 | 地球系统 | 人类活动与环境 | 技术、工程与社会 | 工程设计与物化

对知识间的割裂，注重学科知识的整合；针对知识与生活间的割裂，强调知行合一，注重学用结合；针对知识与自我间的割裂，强调学思结合，建构学习反思支架。

跨学科主题学习，即立足某一学科，以主题来组织其他学科的内容和学习方式，实现综合学习。新方案规定，"原则上，各门课程用不少于10%的课时设计跨学科主题学习"。

不同于单科独进地学习，跨学科主题学习通常围绕真实问题、任务或项目，通过搭建跨学科主题学习单元，而不是新设科目来整合不同学科的知识、观念、方法与思维方式。

这种方式指向复杂问题的解决，追求在问题解决中拓展认知边界，通过变革学习方式鼓励学生创造性地完成任务、重构学习经验，以超越传统单一学科方法的束缚。需要注意的是,不是每个部分都要跨学科学习,一学期一两次,选择重点。

特点:整合≥2,通过学科观念、方法、思维方式解决真实问题;产生跨学科理解的课程与教学取向;跨学科大概念落地。

设立跨学科主题学习活动,加强学科间相互关联,带动课程综合化实施,强化实践要求。跨学科主题学习是指向真实的情境、开放的结果,是在学科纵深和视野拓展的基础上让学生进行真实实践和创造性实践。跨学科学习是整合两种或以上学科的观念、方法与思维方式以解决真实问题、产生跨学科理解的课程与教学取向。

学生学习不同学科主要是学习学科思维模式,比如数学的形式化演绎推理、数学建模;科学的提出假设、实验验证;历史的注重证据、论从史出等。让学生看问题、表述问题多一个视角,观察和描述世界多一个视域。

跨学科整合不是学科知识拼盘,也不仅是项目主题整合,而是各学科认知方式、思维模型整合,让学生多视角、多维度对问题进行探究解读。

借助跨学科主题学习,让学生从单一化理解走向全局性理解,让学生走向"事实－概念－主题－原理、规律－理论"的进阶理解,让学生实现"环境层、行为／行动层、能力层、价值观层、角色层、愿景层"的认知逻辑升级，迈向"经验技巧、方法流程、学科原理和哲学视角"的思维模型——大观念层次升级。所以，跨学科主题学习不等于项目学习，也不同于综合实践活动。

6. 课程内容结构融合、优化。

课程内容结构优化。基于核心素养要求，遴选重要观念、主题内容基础知识技能，精选、设计课程内容，优化组织形式。

新课标一个典型特点是探索用大概念、项目或任务组织课程内容。正如张华先生所说，借助内容结构化，让学生进入课程，让素养落地。课程内容结构化，它最终要引领和推动教学改革纵深发展。

学习方式改变首先是课程结构化，是课程内容结构化，没有课程内容结构化，学习方式是不能转化的。可见，发现学习与结构化课程是两位一体的。如果是结构化课程，就需要发现学习；如果是发现学习，所学的一定是结构化课程。

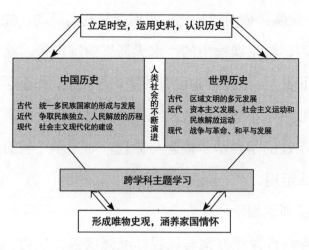

历史课程内容结构示意图

郭华教授《新课标引导教学新变革》里讲，课程内容的结构化不是内容结构，而是通过结构化的课程，让课程内容变成学生活动的要素，结构化要求必须整体把握教学内容，充分挖掘和体现不同内容的教育价值，实现学生学习方式的变革。

课程内容结构化的现实意义，有助于更好地理解和掌握学科的基本原理，结构化目的在于体现内容之间的关联，借助学科概念来实现，反复运用强化，更好理解基本原理；有助于实现知识与方法迁移；有助于准确把握核心概念进阶。

学习经验结构化路径和策略：

（1）路径：两条路径是指横向结构化与纵向结构化。

（2）策略：横向结构化，组织者是真实活动，如跨学科主题学习、科学课程中的"水火箭"的制作等；纵向结构化－自下而上，组织者是已有的知识与技能，如小学数学，先学整数后学小数、分数；纵向结构化－自上而下，组织者是已学过的学科基本概念与原理，如先学"能的形式"再学怎么运用。

（四）新课程学科实践。

义务教育课程方案与课程标准强调素养导向、学科育人，重组课程内容，创建学业质量标准，探索与素养目标和内容结构化相匹配的、学科典型的学习方式，推进以学科实践为标志的育人方式变革。

学科实践，即学科专业共同体怀着共享的愿景与价值观，运用该学科的知识（概念）、思想与工具，整合心理过程与操控技能（动手），解决真实情境中的问题的一套典型做法。从育人角度看，学科的知识需要用学科方法去学习，才能实现学科观念、思维与价值（即学科性），从学科探究走向学科实践。

学科实践是具有学科立场的学习，遵循学科性质、特点、

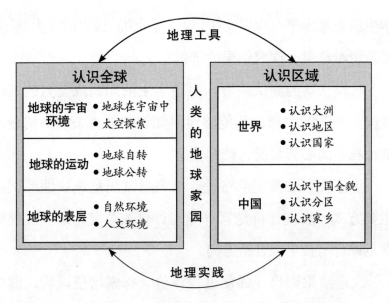

学习方式、学习活动，体现学科精气神；学科实践，立足于建构学科大观念，像学科专家一样探究和学习学科，深入触及学科本质、精神、方法等学科意蕴。学科实践是在活动、操作、应用、体验之中学习。从学科探究走向学科实践，用学科方法学习学科知识。

课程编制的三维结构将学生行为表现、课程目标、课程内容与活动方式之间的关系立体化、动态化。学科实践代表着学科育人变革新方向。

（五）新课程评价理念。

考试命题所秉持的基本思想就是素养立意。指向素养立意的试题更有结构性、整体性、情境性等真实任务的特点，更关注任务的价值导向，更追求用做事活动来牵拉、考查学生的思维水平与探究水平，更关注思维、探究的动力状况，以及思维结果、探究结果的价值意义。

素养立意的测试宗旨，不是学生的知识或能力的拥有状况，而是学生愿意和能够运用知识与能力去解决问题、造福社会的心智状况、精神状况。

新评价有三条变革路径：纸笔考试仍是选拔性考试的主要方式，表现评价是素养导向评价改革着力点，过程数据是评价与技术融合新方向。

改进结果评价、强化过程评价、探索增值评价、健全综合评价。

纸笔考试要重建试题属性，教师应明确在什么情境下运用哪一类知识，解决什么问题，双向细目表已完成使命，将退出历史舞台。

表现评价有三种类型：构答反应、作品、行为表现，考验学生真实情境的问题解决，解决高分低能问题。

既然教学坚持以问题解决为出发点，坚持学习开始于知识正在发生或正在应用的真实境况中，那么命题改革的方向就是：减少裸考知识现象，让测评发生在知识处于生成状态或应用状态的情境之中。

依据教、学、评一体化要求，命题将坚持这样的原则：无应用情境就无知识测试。不论是客观性测试还是主观性测试，考点必须"生长"在产生知识或应用知识的"土壤"之中。

既然教学重心将从重结果回到重过程，学生的思维能力培养、探究能力培养和做事能力培养将成为最重要的教学任务，那么，命题改革的方向就是强化对思维过程、探究过程和做事过程的测量和评价，从注重考查记忆理解的结果到注重考查思维过程、探究过程和做事过程的发展水平。

既然教学坚持从真实生活出发，在问题解决过程中培养学生的实践能力和创新精神，那么命题改革的方向就是坚持试题的应有开放度和综合性，注重考查学生提出问题、形成问题解决方案和评价问题解决结论的素养。

不仅要考查学生是否会解决他人给予的问题，更要考查学生能否自己发现和提出问题；不仅要考查学生是否会用所学方法解决问题，更要考查学生能否形成自己的解决方案；不仅要考查学生是否知晓和能否应用已学知识，更要考查学生能否审视、追问、评价、改进已学知识；不仅要考查学生的知识与能力状况，更要考查学生对知识与能力的态度与期待。

必须把批判性思维素养与创新素养的培养作为教与考的重要内容，因为一旦教学从直接的知识传授走向直面真实的探究，学生所面对的社会、自然、人生等学习对象本身就是多元的、不确定的和开放的。

既然教学将通过大任务来承载大观念，以主题、活动、项目等任务的实施来实现对原理、法则、态度等大观念的掌握，那么命题改革的方向就是从碎片化、点状式测试走向整体性、结构化测试。测试的过程，也是学生完成一个有思维含量与探究含量任务的过程，或做一件完整且有挑战事情的过程。

这种测试可以更全面深入、有效地考查学生的认知水平、探究水平、做事能力，以及在应对复杂、陌生情境时所表现出来的态度、立场与价值。这是做中学思想在考试评价中的体现，也是考试指挥棒应该发挥的教学导向作用。

（六）新课程的再认识。

1. 2022版课程标准的四大突破。

第一，课程核心素养。课程核心素养，是该课程育人价值的集中体现，是该课程在落实立德树人根本任务中的独特贡献，是学生通过该课程学习之后而逐步养成的关键能力、必备品格与价值观念，核心素养具有整体性、情境性、反思性。

第二，学业质量。学业质量，是学生完成课程阶段性学习后的学业成就综合表现；学业质量标准则是以核心素养为主要维度，结合课程内容，对学生学业成就表现的总体刻画，是所有过程评价、结果评价与考试命题的依据。

第三，课程内容结构化。对课程内容的传统理解有两种：学科知识和活动经验，都在倡导结构化，结果都不理想。现在需要寻求第三条路——作为课程内容的学习经验及其结构化。

第四，学科实践。此次提出的学科实践，就是学习"像"学科专家一样思考与行动，即在教学情境中，运用某学科的概念、思想与工具，整合心理过程与操控技能，解决真实情境中的问题的一套典型做法，如语文实践、数学实践、创意实践等。

2. 教育存在的问题。

通过对新课标的解读，我们可以清楚地感觉到。以下几个方面的问题：

（1）态度问题。中国教育的根本问题是什么呢？本来天生不一样的孩子，小学六年、初中三年、高中三年共12年，变成完全一样的孩子，高考不考的教师不教，高考不考的学生也不学，很多孩子都成了牺牲品。

所以在我们学校应该倡导用差异替代差距。

现在学生和学生之间仅仅是分数上的差距，但是学习更看重每一个孩子的不同点，每一个孩子他在哪个方面有潜质，有爱好，有兴趣，有志向，帮助孩子实现自己的人生目标。所以用这种差异来替代过去的差距，最为紧要的是唤醒孩子学习的内驱力，发现每一个孩子的潜质，其学习的能力和潜力被激发出来，孩子的学习自然也就会好。

我们的所谓"三观"经常被社会上很多世俗的想法或者网络上的很多声音所左右，特别是我们对于幸福的理解。

有一个最为扎心的问题就是现在的孩子比我们小的时候吃得也好了，穿得也好了，但是他们的幸福指数高了吗？过去，我们对幸福有一个误区，就是物质生活的极大丰富放在第一位。劳动强度与此成反比。社会地位越高，好像就越幸福。这都是一些偏见。其实，我有人无、人有我富并不能带来真正的幸福，而分享才能带来人生最大的快乐，有人喝彩才能带来精神的满足。德不配位，才不济事，是人生最大的痛苦。

因此家长不要只为孩子当下的荣耀，而应该关注孩子一生的幸福。

（2）对课程的认知问题。有效性是课堂教学的"命脉"。①学习时间：越少时间掌握的知识越多，效率就越高。②学习结果：就是最后的成绩，这只是一个核心指标。其实每节课都应该让学生有实实在在的收获，从不懂到理解，从不知道到知道。学习结果不仅表现在知识上更表现在方法的掌握。③学习体验：指的是学生的学习感受，伴随学习活动生发的心理体验，这是课堂教学的灵魂，积极的体验和态度会促使学生乐于学习，学习体验本身也是最重要的学习结果，可以这么说，如今的经济就是体验经济，如今的学习方法也是体验的学习方法。

（3）学习兴趣从何而来。我们都知道带着兴趣的学习是最有效的。但是学习的兴趣从何而来呢？学习的兴趣来自知识的魅力，更来自教师的风范。教师的风范要在"最近发展区"上做文章。要从他们现有的水平讲起。教师要拥有广博的知识，深刻的知识穿透力，独到的一种具有鲜明个性的讲课方式，高超的教学机智，不管出现什么情况都能够灵活应对，都能够完成教学任务，要能把深刻的道理用最简单的方式传达给学生。同时，教师要做到"啐啄同时"，既让学生在积极的心态下进入学习状态。

一个聪明的教师最重要的就是要分清什么地方我该教，什么地方我不该教！

不是写在教材里头的东西，都需要你去复述一遍。中国画中最重要的一个技法叫"留白"。我们现在强调要把时间留给学生，给他一个思考的空间和时间。就是这个道理。

一篇课文从头讲到尾是不是合适？面面俱到永远不是一个好方法。要善于引起一个话题，让学生进行思考和讨论，而不是自己在那讲。教师能否把自己变成一个观众和学生？

是考验一个好教师的最重要的条件。

有一阵子"情景教学"叫得很响。也就是说创造一种情境，让学生有身临其境之感。所以课件PPT甚至于小视频特别流行。特别是在会课比赛的时候。但是情境教学，并不适合于所有的课程。

另外，教师要善于让学生"动"起来。一个不幽默的人能不能把课上好？所谓风趣幽默，更多的时候是指这个人的人格魅力。我们的课改需要关注的是"0"。这个零首先是一个形状，它是一个完美的闭环，你可以说它什么都没有，也可以说它无所不包。备课零教案、课堂零距离、效果零泡沫、作业零负担，这就是"零"的境界。

此外，精简是讲好课的"法门"。开始的时候我们必须要求完美，但在完美的基础上我们必须进行精简，进入一种实效状态，简练、真实、和谐、高效才是我们的课堂教学标准。我们要重视各科教师之间的相互学习，每一个教师都要成为教学的多面手，课堂教学的实质不是一种简单的知识传递，而是一种高级的知识烹饪和服务。

最后，生活即教育。教师必须要摆脱对讲台依赖，走进生活中你还是教师。教师要从倾听开始，教育的过程是教育者和被教育者相互倾听和应答的过程，我们有义务和责任倾听受教育者叙说，这对教师来讲是一种道德规范。

（4）教师要转换角色。教师应该从传统的知识传递者转变为多元化的角色，如导游、主持人、导演和顾问，同时也应该成为学生的听众。这些角色转变旨在促进学生主动学习、激发学生学习兴趣、引导学生思考问题，并为学生提供必要的支持和指导。

作为导游，教师应该引导学生探索知识的领域，类似于带领游客游览景点，提供有关知识的信息和背景，帮助学生了解知识的全貌，更好地理解并掌握知识点。

作为主持人，教师应该是学习活动的组织者和协调者，为学生提供必要支持和指导，并确保学习活动顺利进行。在组织学习活动时，教师应该注重学生参与和互动，促进学生思考和交流。

作为导演，教师应该为学生提供丰富的学习资源和工具，如阅读材料、实验设备、多媒体资源等，并引导学生利用这些资源进行自主学习和探究。同时，教师还应该制定学习计划和方案，确保学生的学习进程有条不紊。

作为顾问，教师应该为学生提供个性化的指导和建议，帮助学生解决学习中的困难和问题。教师应该与学生保持密切联系，了解学生的学习情况和学习需求，及时提供必要的支持和帮助。

最后，作为听众，教师应该给予学生机会充分表达自己的观点和想法，听取学生的意见和建议，尊重学生的个性和差异。教师应该鼓励学生发表自己的见解，促进学生的思考和创新。

（5）改变评价标准。教师要真正深透地理解课本和标准答案，并且能够有效地把知识传授给学生，必须以开放包容的心态鼓励学生对权威和课本进行挑战。在这个问题上，日本学者提出了新颖的观点，他们认为课堂应该是一个试错的场所。学生所说的每一句话无论是对是错，都具有重要的价值，无论是错误还是正确的想法，都是他们在不断探索和思考过程中的宝贵收获。在这个过程中，教师的核心职责就是有效地引导和支持学生，通过变学生的错误为教育的契机，让他们在挫折中不断成长，从而实现真正的教育目的。

二、DCS 课程体系建设

几乎所有的教育改革都绕不开课程体系改革，课程内容的数量与质量始终是教育改革的核心所在。学校教育变革过程中，学校课程实现的终极目的是什么，课程体系的合理性在哪里？这是我们必须要考虑到的问题。

（一）学校课程目标维度。

　　从学校自主变革和课程实施角度来看，我们学校建构的课程体系必须具备四个课程维度。

　　一是生命教育课程维度，落脚点在于拓展生命的长度、宽度和高度。要围绕人的自然生命、社会生命和精神生命展开旨在引导学生珍爱生命，积极生活，幸福人生，让每个人都成为最好的自己。

　　二是智识教育课程维度，落脚点在于形成统领知识的智慧，增强运用知识的能力。增加课文性和课程之间的融合性，构建大科学和大人文的课程概念。

　　三是公民教育课程维度，落脚点在于培养遵守社会公共道德、关心参与公共事务、具有独立思考和敢于担当责任的能力，成为对民族的传统文化有归属感的现代公民。

　　四是艺术教育课程维度，落脚点在于让学生欣赏优美的作品、新的艺术技能基础上掌握艺术的思维，拥有艺术品位，具有艺术的精神，陶冶丰富的感情，培养完善的人格。这一维度不是为了培养艺术家，而是源于儿童自由发挥的天性，注重培育艺术欣赏力和艺术情怀。艺术课程不是简单的美术、音乐，而是融合了音乐、体育、美术、雕塑、创意、电影、戏剧等艺术形式的大艺术概念整合的课程。

　　（二）学校课程育人方向。

　　从门类上要坚持全科全育：表达艺术，科学、技术、数学、语言、社会研究、健康与幸福。学校课程要实现学生发展的六个方向：

1. 阅读：养成读书的好习惯。

阅读是一种习惯，可以帮助学生获得知识和智慧，并提升自身素养。养成读书的好习惯，不仅可以让人们享受阅读的乐趣，更能够提升人们的思维能力和审美水平。

2. 时间：科学把控时间，形成终身受益的学习习惯。

时间是学生最宝贵的财富，科学把控时间，形成良好的学习习惯，是每个学生应该追求的目标。只有通过长期坚持和积累，才能够让学生在时间的流逝中不断成长和进步。

3. 兴趣：永远保持一颗好奇心，保持一种热情，形成一种终生爱好。

兴趣是学生探索世界的重要途径。保持好奇心和热情，培养一种终身爱好，可以让学生更加深入地了解自己和周围的世界，无论是音乐、美术还是体育，都可以成为学生兴趣的一部分。

4. 合作：养成与人相处的习惯。

合作是现代社会中不可或缺的一种能力。养成与人相处的习惯，可以让学生更好地与他人合作，共同完成任务和实现目标。在团队中，学生需要学会倾听、理解和尊重他人的观点和想法。

5. 身体：养成锻炼身体的好习惯。

身体是学生实现梦想的基础。养成锻炼身体的好习惯，可以让学生保持健康的身体状态，更好地应对生活中的挑战。参与运动不仅可以锻炼身体，更能够培养学生的团队协作精神和竞争意识。

6. 劳动：养成劳动（动手）的习惯。

养成劳动的习惯，可以让学生更加珍惜他人的劳动成果，更加深入地了解劳动的意义和价值。通过自己的劳动，学生可以创造出属于自己的价值和成就，更能够体验到劳动带来的快乐和满足。

（三）学校课程实施要点。

1. 目标要具体，措施要得力。

（1）帮助孩子实现一个梦想。我们将会协助孩子们构建一个清晰明确且具有现实可行性的梦想蓝图，帮助他们树立并追求自己内心深处真正向往的目标。

（2）帮助孩子改正一个缺点。我们致力于帮助孩子们识别并纠正他们的个性弱点，从而不断完善他们的人格品质和思维方式。

（3）为孩子推荐一本书，推开一扇窗。我们会向孩子们推荐一本既能启发智慧又能激发兴趣的好书，让他们通过阅读开启人生的新视窗。

（4）与家长的一次有效沟通、合作。我们将与家长展开一次真诚且富有建设性的对话与合作，促使双方建立起和谐且紧密的亲子关系。

（5）帮每个孩子共同制定一份学期计划，六年计划（小学），三年规划（初中）。我们会协助每个孩子与家长一起共同制定一份针对他们所在学年（小学）、三年（初中）的详尽而实际的学期计划、长期规划，以便引导他们更好地发展个人潜能和实现自我价值。

由于任务是自己定的，教师只是提醒：你做到了吗？以现代网络为依托，实行的是一种自我管理的制度。

2. 建设学习中心。

可以根据课程要求，设计出多种不同的学习中心，每个学习中心都设有特定的课题和相应的学习任务。这些学习中心在一定的时间段内具有明确的目标和重点，为学生提供全方位的学习支持。不同的人在学习中心中可能会有不同的学习任务，这些任务根据他们的学习需求和能力进行个性化设置。

学习中心的设计非常灵活，可以随时根据需要进行调整和改进。为了确保教学质量和效果，学习中心通常由三人以上的教师组成一个课题攻关小组，采用师傅带徒弟的方式进行学生教学。

学生可以加入各种项目学习小组，利用学校提供的各种资源进行学习和研讨。学校会尽力提供必要的条件和设施，支持学生的学习和发展。

3. 课时灵活变化。

以中学生的每一天为例，他们需要安排的数学课程并非传统的一节课，而是改革为每隔一天就要上两节课。这两节数学课的安排方式十分创新，学生将在第一节课里进行深入且系统地学习，第二节课则用于巩固和消化所学内容。在这种独特的学习模式下，学生们可以更加高效地吸收知识，并通过实践练习来强化所学。

而作为指导者和陪伴者，教师的作用在这种新型教学模式中至关重要。他们不仅要为学生提供深入浅出的学习指导，也要时刻关注学生的学习状态和进度，为他们提供及时的支持和帮助。在这个过程中，教师们也需要不断学习和进步，以便能够更好地适应这种新型教学模式。

然而，这种创新的教学方式也面临着一些问题。比如说，当前的学生注册制度与这种新型的学习模式存在冲突。在过去的教学模式下，学生每天都有固定的上课时间，但在新型的教学模式下，学生的学习时间更加灵活，这也就导致了学生的学习时间难以与现行的注册制度相匹配。

对于这种问题，我们需要有针对性地提出解决方案。

比如，可以考虑实行弹性的学习时间制度，让学生们能够根据自己的学习进度和需求灵活安排学习时间。此外，也可以对现行的注册制度进行改革，使其与新的学习模式更好地适应。只有这样，我们才能确保这种新型的教学模式能够顺利实施，并真正为学生们带来更好的学习体验。

4. 让学习回归生活。

学习活动应该以学生为中心，充分考虑他们的兴趣、需求和个性特点。而不是像现在这样，将学习与生活割裂开来，导致学习变得枯燥无味。更不应该紧紧围绕知识展开，忽视学生的情感、社交和自我实现等方面的需求。因此，我们应该设计出更加丰富、多样化和具有趣味性的学习活动，以激发学生的学习兴趣和积极性，促进他们的全面发展。

5. 促进教育公平。

促进教育公平，重要在教育机会公平，另一个关键在于教育过程公平，此外，还需要关注教育结果公平。只有当知识是根据学生个人能力的培养而实现均衡的结果，那么学生才有可能持续地进步。教育的真正目标并非仅仅在于知识的获取，而是要让学生努力成长为最好的自己，实现自身能力与价值的全面提升。这样的教育才称得上是成功的。

6. 项目制＋家校共育。

教师积极帮助学生制定详细的学习计划，旨在激发他们的自主学习动力。这些计划富有针对性和策略性，充分考虑到了每个学生的学习需求和潜力。教师们不仅关注学生的学术成绩，更重视培养他们的独立思考和解决问题的能力。

通过这种方式，学生成功地吸引了许多孩子的家长参与学习中来，尤其是那些爷爷奶奶们，他们被这种充满活力和有意义的学习氛围所吸引，愿意与孩子们一起学习、成长。这种亲子共读、母女共读、祖孙共读以及师生共读的氛围，为孩子们提供了一个良好的学习环境。

最终，这样的学习方式将学校、家庭和社会紧密地联系在一起，形成了一个共同学习的良好环境。这种跨界合作的教育模式，不仅提高了学生的学习效果，还促进了家庭和社会的和谐发展，为未来的教育发展奠定了坚实的基础。

三、DCS 课程理念探微

（一）树立课程新理念。

这次教育改革，无论在理论层面抑或实践层面，或者是在制度结构及组织形式上，都带来了革新性的变化，其外在表现即为课程标准的确立与"双减"政策的施行。更重要的是，这种教育变革从以知识传授为主导的理念，进一步演变成了以人的全面发展为核心，目标上也从单一的知识掌握向着知识、技能、态度的多维度全面培养进行转变。

知识的积累固然重要，但知识的应用更具深远意义。疫苗战胜病毒的试验便是对知识应用能力的考验，其中涉及发现问题和解决问题的能力。中国的础教育在过去创造了廉价劳动力时代的 GDP 增长，然而，面对自主创新的高科技发展，我们需要更加注重人的素质提升，因此，未来的发展需要决定一个学校的办学方向，而不是单纯追求升学率。

在以知识为基础的大工业时代，制造业是基本特征，重视工业产品的制造和教育。教育的目标是培养专门型的人才，其核心是传授知识和技能。然而，传统教育存在一些问题。记忆和技能需要通过学习和实践来掌握，但记忆会随着时间的推移而逐渐遗忘，技能也会随着时间的推移而逐渐生疏。因此，我们需要从以下九个方面来解决这些问题。

1. 明确"立德树人"是学校的根本任务。

学校的根本任务就是"立德树人"。以人为本，以终身学习为目标，以适应未来工作需要为导向，是知识经济和信息化网络大数据时代教育的主要目的。这一目的的实现需要我们注重培养个体的综合素质，使其具备探索、创新和解决问题的能力。在教育过程中，应关注学生情感、认知和技能等多方面的发展，鼓励他们不断探索、尝试和反思，从而在失败和成功中实现自我成长。这一理念与立德树人的学校根本任务相一致，都是为了培养具有高尚品德、创新思维和实践能力的全面发展的人才。

2. 强化课程的育人功能。

以数学课程为例，在义务教育数学课程标准中，课程的功能被描述为：通过数学学习，使学生能够在掌握知识技能的同时，感悟数学的基本思想，积累基本活动经验。

从"三基"到"四基"：基础知识、基本技能、基本思想、基本活动经验；从"两能力"到"四能力"：发现问题、提出问题、分析问题、解决问题。

我们强调的十个教育发展核心词中，有八个与数学知识相关，包括符号意识、数感、空间观念、几何直观、数据分析、运算能力、推理能力、模型思想。另外两个核心词超出了数学功能本身，分别是应用意识和创新意识。

这次改革的核心在于将核心素养落实到课程教学的各个方面，贯穿整个教育过程。因此，我们的教师需要具备将这些复杂问题简单化、抽象问题形象化以及将书本知识与现实生活联系起来的能力。

3. 课程教学要落实"三会"。

我们仍以数学课程教学为例来说明。

首先，要学会运用数学的视角去探索这个世界。学生需要具备符号化的意识，因为符号在数学中扮演着重要的角色。此外，学生要理解空间的概念，学会去探索数的奥妙。在简单的问题中，例如询问"你今年几岁"？你会发现，学生在日常生活中也在运用着数学知识。

其次，要学会运用数学的思维去思考这个世界。具备运算能力和逻辑推理能力，是数学思维的核心。数学知识在学生日常生活中的应用无非是加减乘除，但我们的孩子完全可以帮助家长规划家庭的支出。

最后，要学会用数学的语言去表达这个世界。学生需要具备模型思想和数据分析的观念。对数理世界的向往，以及保证数学知识的应用，是学生初中时期学到的"圆周率"概念的基础。为什么数是无穷的呢？我们日常生活中又有哪些几何图形呢？这些问题的答案，其实也都体现了数学思维和语言的魅力。

4. 知识魅力和学科趣味同等重要。

教师备课方式的改革刻不容缓。以往，教师往往仅关注单一的课程知识点，但如今需要转向设计单元化的知识集合，其中要涵盖更广泛的知识领域。这种备课方式要求集体合作，并注重知识的密集度和持续性。教师备课方式的改变必须适应新时代的教育要求，要注重知识的整体性和持续性，运用现代教育技术，提高教学效果。这就需要教师在课程教学中做到以下五个要求。

（1）教育者应注重知识溯源与知识本质，关注学生的认知过程。

（2）通过创设适宜的教学情境，提出具有启发性的问题。

（3）引导学生思考，促进师生与同学之间的交流。

（4）鼓励学生对问题进行深入理解。

（5）帮助学生理解知识的关联性，感悟学科思维，进而培养核心素养。

能够充分体现这五个要求的教学，就是理想的教学。

5. 尊重知识的连续性。

在小学数学中，我们学习了四则运算。然而，进入初中后，我们遇到了二元一次方程。许多人在学习二元一次方程后，发现他们再也无法准确地完成四则运算题目。这主要是因为学习二元一次方程后，我们的思维方式发生了改变。四则运算是基于已知数组之间的换算关系，而二元一次方程则是基于已知数和未知数之间的逻辑关系。这种思维方式的变化使得我们更加倾向于使用二元一次方程来解决数学问题，因为这种方法更加巧妙和清晰。四则运算可以比作一个故事一个音调，而二元一次方程则是两个要素，两条线索。因此，在掌握了这种更加高级的数学方法后，我们往往不再愿意使用复杂的数与数之间的换算关系来解决问题。

我们应当探究并把握此过程的规律，许多初中数学教师已经不再处理四则运算题型，因此他们无法细致解析此数学思维的变迁历程。

6.掌握每一学科的思维特征。

每门学科都有其独特的思维方式和语言表达方式。数学通过从特殊到一般的推理过程，而哲学则通过从一般到特殊的思考方式，实现着对世界和知识的理解和表述。

语文的学习，要求我们掌握观察、表述和审美的能力。社会课的学习则强调了遵守社会规范和内化道德理念的重要性。物理的学习，要求我们能够通过观察生活中常见的现象，深入探究其背后的原因。化学的学习，要求我们通过分析物质的生成现象，进一步理解化学反应的原理，并对未来可能的发展趋势有所预期。历史课虽然以讲述历史事件和历史人物为主，但其核心目标是揭示社会发展的规律，在学习的过程中，学生不仅要理解生动的历史故事和人物，还要深入挖掘其背后所蕴含的抽象道理。地理则帮助学生理解我们居住的地球的构造和特征，以及我们生活和工作的环境特点。通过这些学习，我们可以进一步拓宽我们的视野和事业领域。

我们的思维能力的大小，取决于我们是否能够熟练掌握并运用每一门学科的思维方式和语言表达方式。

7. 掌握不同年龄段孩子的思维特征。

从学生出发的数学知识大概可以分为三种，第一种不教也会，第二种教了也不会，第三种教了，经过练习，掌握了。教师能教也最应该教的就是第三种知识。

我们需要深入探讨学生的思维特征。以一个具体问题为例：

如果询问学生："班里要开班会了，准备买一些水果，你认为买什么？"一、二年级的学生通常会直接回答"苹果"，而三四年级的学生则会考虑周围的环境，回答"要看看大家都喜欢吃什么"，而五六年级的同学可能会根据所提供的条件进行深入思考，回答"只要给我们足够的钱，我们每一种都可以买来"。

这种差异表明，不同年龄段的学生具有不同的思维特征和认知方式。因此，为了提高教学效果，我们必须从学生的需求出发，关注他们的全面发展，包括培养学习兴趣、创造激情和社会责任感。

教育应该尊重学生的个性和认知规律，关注学生的需求和兴趣，帮助他们发展成为具有独立思考能力、创新精神和良好社会责任感的人。

8.家长是教育的重要力量。

我们将采取一种新的管理方式，既让孩子自行制定规则，而奖励和评价则由学校发起并逐渐转移至学生和家长。这种管理方式并不意味着教师和学校的责任减轻或任务减轻。相反，学校和教师需要承担更重要的责任，因为我们必须制定一系列规则，以确保这种探索和改革能够顺利进行。在此之前，我们必须了解几乎所有学生的情况，这项任务非常重要。这个过程将是漫长的，例如学科自主作业，教师为孩子布置的作业，孩子可以选择做哪些，有些孩子选择全部完成或者自己额外增加作业量。

在家长和教师的共同参与下，每个孩子为自己设定任务并逐一落实。每月进行一次考试，这次考试不再关注分数，而是关注孩子掌握了哪些内容。这为孩子提供了一个参考。如果孩子的作业成绩优秀，当然可以不做；但如果孩子的作业成绩不佳，则必须抓紧时间或更换学习方法。这种管理方法旨在帮助孩子逐渐掌握自学能力，强化自我管理的能力。

同时，这种管理方式对家长也有更高的要求。家长不仅是知识的传播者、孩子的监护人，还是孩子特长的发现者培养者、孩子健全人格的呵护者和孩子精神成长的引领者。

9.学校要有自己的特色课程。

我们已经有了太极拳和书法作为我们的传统特色课程，但是这个范围还要广，力度还要加大，领域上要扩张，深度上要挖掘。

举例而言，我们可以创建专属于东长寿学校的优质电影观赏资源库。我们采取"推荐制"制度，所有的电影皆由教员与学生共同推荐，每部影片都应包含相应推荐词，旨在全面挖掘个人感受。凡成功纳入资源库的影片，皆由专人负责保管，以确保其传承永续，这并非简单的观影体验，而是一种荣誉的象征。

此外，我们将设立一个入库评议专家团，专家团需确认这部电影的价值，陈述其推荐原因，并深入了解孩子们在观看此电影时的心理状态。我们希望不仅接纳某一部电影，而是学校对电影选择的独特视角和知识积累。

所有这些电影，都将由专门的同学进行管理。每一位学生若有幸观看，他都会在合适的时间推荐给同学，同时确保留有交流记录。我们反对盲目追求图书馆影片库的建设，其更重要的功能在于寻找适宜我们开展活动的途径。

（二）构建课程新形态。

2022年初，教育部发布了新的义务教育课程方案和16个课程标准，并在该年秋季学期开始正式实施。这些新课标不仅优化了课程内容结构，还通过其他课程内容丰富了学生的学习内容。此外，新课标还强调了幼小衔接，即更加注重小学一、二年级所有课程的设计层面，使课程更加具有活动性、游戏性和生活化。正如前面提到的体育和健康课程的融合一样，未来文理融合、大理科和大文科的概念和课程将成为课堂教学的常态。

1. 文理融合课程。

无论文科还是理科，都是人们把握这个世界的一种方式。任何一门科学都有自己的发展历史，任何一门社会科学都需要统计和逻辑分析。学科融合已经在生活中得到完美体现，同时也必将在课堂上绽放出自己独特的光辉。任何一门自然科学都需要人们投入感情。陈省身先生就说过：数学好玩，音乐的旋律和美术的规律都在数学上得到了完美体现，比如黄金分割定律。

科学不是不食人间烟火的，无论多么抽象难懂，都需要人们去创造。从实用来讲，自然科学与社会科学有着很密切的关系,数学和语文是两个最基础的、必不可少的工具。数学除了解释自然界的复杂现象。同时也兼具诗歌和散文的内在气质。

文理之间的融合是产生新的学科、产生新的创造必不可少的条件,所以我们必须从一开始就给孩子进行这样的教育,让他们知道数学和文学之间有交集。而要表达自然界的规律,除了抽象的逻辑推理和定理公式的演绎,还有叙述和描写。这样的学习本身是富有挑战性的,也是最容易引起人们兴趣的。

就科学的起源来讲,印度的数学起源于吠陀文学,我国《易经》中使用的60进位的方法,一直使用到现在。孔子讲的六艺,就是礼、乐、射、御、书、数,文理音体美都照顾到了。中国古代几乎所有的学者都了解中医,所谓琴棋书画文人雅士。精通易理、定国安邦、诗礼传家、经世致用。所谓融合者,也不仅仅指的文科理科,更有"艺不压身"之说。

要成为高素质的学生,应该文理兼通,因为要成为高水平的数学家,不但要有学术思想,也要从社会发展、从人类历史文化艺术的角度去认识问题,历史上一些数学大家很有思想,有很高的创新性,往往因为其在人文方面有很好的修养。著名的数学家杨乐教授说:"要用数学与人文的精神使学生受到全面地熏陶。"

其实就现在的教育教学当中，文理科教师相互之间的渗透，更有利于掌握一个学生的全盘动向，我们可以大胆地做以下改革：

理科教师应具备讲演一两节文科课程和撰写一两篇文章的能力，同样，文科教师也应能解答一两道理科题目。至少应能讲述一些科学家们研究过程中较为专业的故事。如数学家王树禾教授所著的《数学演义》和《数学聊斋》，就是通过讲述现代数学和经典数学中富有哲理的数学问题，像讲评书一样，向孩子们传授数学知识。

我们的要求还包括让数学课堂上充满文采，同时让语文课堂上讲述数学的奥秘。我们要求教师阅读科普读物，并撰写科普读物。

最终，我们的目标是实现文理融合，通过一个例子推导出其他类似情况，实现融会贯通。

2. 大理科融合课程。

俗话说："学好数理化，走遍天下都不怕。"当今的中高考已步入分科阶段。理综概念正逐渐淡出历史，昔日人们对理科的传统认知，已然无法适应当前的时代发展。在教学实践中，如何以数学的视角推导物理现象与化学反应是一项研究。借助数理思维去勾勒一种热力光电科学现象，更是一种实力。

从学术角度来看，数学、物理和化学之间的关系可以被理解为理科和工科之间的联系。科学的发现往往源于不同学科之间的交叉和融合。然而，数学相对于物理和化学更为抽象，而物理和化学则更加注重应用。无论从哪门学科入手，计算能力都是基础，而数学则是这个基础的核心。

数学的存在和应用无处不在。其学习乐趣不仅仅局限于数学游戏，其中还包含了许多实用的内容。算法的精妙之处，能够引发人们的思考并使人感到惊讶。事实上，许多游戏的设计背后所依赖的都是数学原理。

在选择学习科目时，我们不应该仅仅考虑哪个科目高考更容易，而更应该关注哪个科目更具发展前景，并且更符合个人的兴趣和爱好。

为了实现这一目标，我们必须鼓励和动员教师们积极开设理科课程。物理和化学教师应当积极讲授数学知识，而数学教师则应当在授课过程中引用与同年级的物理和化学教师达成共识的实例。这样的协作和联系将有助于提高学生对数学和理科的理解和应用能力，从而为他们未来的学习和职业生涯打下坚实的基础。

3. 大文科融合课程。

学术界长期以来持有的观点是，文史哲三者的界限并非泾渭分明。如果考虑地理要素，可以将其视作"大语文"学科的一部分。实际上，"大文科"的概念更加丰富和复杂，涵盖了诸如文字语言、地域风情、电影戏剧脚本以及各类学术论文的撰写等诸多方面。因此，文史哲被视为大文科的基础，并且也是我们教育的主要内容。我们倡导地理、历史、社会常识、道德与法制等学科的教师能够以大文科的思维模式，组织和进行课程设计和教学实践。

在各个学科之间，课本教材的阅读是必要的。课堂上的内容应当能够相互印证，从而使学生能够运用大文科的概念来学习。最初，可以邀请历史教师专门讲解一节关于古文字的课程。随着时间推移，可以讲解各个学科的发展史，而语文教师则可以专注于某个特定词语的历史演变，并将这些内容与历史课程中的相关内容串联起来。

最受学生敬仰的教师，通常是那些具有渊博学识的人。他们能够将所学知识融会贯通，这也正是"学识渊博"的含义所在。

4.劳动实践和游学课程。

"读万卷书，行万里路"一直被视为古代教育成就的两大基本支柱。单一的阅读可能导致学识上的愚昧，然而，见多识广无疑是增加知识和才干的高效途径。

针对劳动实践课程，我国已颁布相关政策。游学也有相应的指导原则，但由于过去特别严重的应试教学和分数效应，学生的社会实践活动日渐减少，甚至近乎为零。高分低能成为中国教育的长期顽疾。

当前，我们将依赖国家政策的适度放松，必须抓紧时间，推动劳动实践和游学课程的正常化。制定可行措施，保证学生与社会的接触时间和效果。我们需要根据自己的实际情况，制定适合我们学校发展的劳动实践基地和游学方向与内容，鼓励和帮助家长带领孩子走出家门，了解世界。鼓励他们参观图书馆、博物馆、体育场、美术宫，走进田野，走进工厂，走进机关单位。让孩子们的"世界"变得丰富多彩。

我们常说"百闻不如一见"，然而我们必须记住"百见不如参与"，我们需要努力创造各种条件，让孩子们参与他们力所能及的社会实践中。让"行万里路"真正成为游学记录。这不仅仅是读后感或观后感的写作，而是内心真正获得祖国伟大、人民可敬、文化灿烂的印象，使他们心中有底蕴，眼中有未来。

（三）重新认识音体美课程。

今天，音乐、体育、美术课程是学校变革的必答题，也是首选题。

2022年4月21日，教育部举行新闻发布会，对最新修改的《义务教育课程方案和课程标准（2022年版）》有关情况做了说明，并于2022年秋季学期开始实行，会议指出："一至七年级以美术、音乐为主线，融入舞蹈、戏剧、影视等内容，八至九年级分项选择开设。"

对于这个政策，家长和教师多少有些担心，是不是课外兴趣辅导班将成为主流？因为有了课程，就会有考核，有考核就会有攀比，家长可能会给孩子报更多的兴趣班，是不是"卷"得更厉害。

其实，学校和家长主要担心的问题是这个课怎么上？要重视到什么程度？

1. 艺术类课程坚守美育人的教育理念，注重艺术体验，致力于培养学生的艺术素养和审美能力。

其中，体育与健康课程备受关注。该课程的课时比例提升至10%～11%，超越了外语科目，成为小学和初中阶段学生的第三大主要科目，仅次于数学科目2%～4%。这表明体育在教育中的重要性得到了极大提升。国家、政府和学校越来越重视学生的身体素质，期望学生能够在学习知识的同时，实现健康成长。

通常，全国义务教育阶段的课程标准每10年修订一次。教育部门针对旧版的课程标准进行了多项调整，其中重点之一是全面提升小学和初中的体育课比重。此外，新的课程标准还明确要求学校充分利用大课间时间开展体育锻炼等活动，以促进学生特长发展。除了确保开设足够的体育课之外，还要确保学生每天在校内和校外的体育运动锻炼时间至少不少于 1 小时。

2. 关于音体美教师是否够用以及课程设置能否得到完美贯彻落实的问题，应该会有一个完整的规划。

由于这是首次得到重视，各个科目的教师都应该拿出具体的教育教学规划，并且需要学校提供各方面的条件，以确保计划的顺利实施。

在"体育与健康"课程的教学过程中，部分教师对"健康"这一主题理解不透彻，对为何体育课会与健康课相结合存在疑问。实施融合课程后，其课程内容包括基础运动技能、体能、健康教育、专项运动技能和跨学科主题学习。健康教育课程主要涉及与孩子成长过程中所面临的身心问题相关的生活知识，如疾病预防、公共卫生和安全等。其目标在于使孩子们扩展课外知识，贴近生活，培养独立自主的能力，提升更健康的身体素质，从而实现全面的素质提升。

3. 针对本次涉及的几门课程的评估应采纳更为严谨的立场。

提议中包含了关于考试形式的规定，如是否采用第三方评价等，而且，考虑到学校的考核仅涉及基本的知识问题，因此，家长不必过度担忧，从而避免可能引发的紧张气氛，以及再次掀起"卷"热潮。

据《2022 年中国素质教育行业报告》所示，预计至 2023 年，中国素质教育的潜在市场规模将突破 4788 亿元，在此领域中，美术教育的占比为 44.72%，其亦是家长选择比例最高的课程之一。若有志于考入美术附中，或是通过美术路径进入艺术高中的学生，其面临的压力将较之以往有所增加。另外，在"双减"政策的调控下，某些被依法取缔的培训机构并不涵盖所有类型，如歌唱、舞蹈、音乐以及美术等艺术类别的培训机构。尽管一些学生的音、体、美课程可以在课余培训中得到补充，但在实际情况中，学校已成为这些课程的主导力量。

4. 音乐、体育、美术课程并非素质教育的代名词，更不是素质教育的全部。但对孩子的未来，却有着非常重要的影响。

我们开设音乐、体育、美术课程的原因在于，通过提供广泛的教育经验，培养学生全面发展。例如，在音乐方面，我们可以为学生介绍各种音乐风格，包括古典、流行、摇滚等，并鼓励他们探索不同的乐器和音乐文化。通过体育课程，我们可以帮助学生锻炼身体，培养运动技能和团队合作精神。在美术方面，我们可以为学生提供绘画、雕塑、摄影等多种艺术形式的体验，培养他们的审美能力和创造力。

此外，开设音乐、体育、美术课程还有助于培养学生的文化自信和爱国精神。在当今全球化时代，我们面临着多元文化的冲击和影响。在这种情况下，我们需要加强学生对本土文化的认识和认同，让他们感受到中华文化的独特魅力。通过音乐、体育、美术课程，我们可以向学生传递中国的音乐、体育和美术等方面的知识，让学生了解中国文化的深厚底蕴和独特价值。

举个例子来说，网络上流行的神曲音乐受到广泛关注，我们可以将这些音乐作为教学素材引入课堂，让学生了解并欣赏不同的音乐风格和乐器。同时，我们还可以通过其他方式，如组织学生参观博物馆、美术馆等，加深他们对本土文化的了解和认同，从而培养他们的爱国精神。

综上所述，开展音乐、体育、美术课程对学生的全面发展起着举足轻重的作用。通过提供丰富的教学体验，我们能够帮助学生更好地应对全球化时代的挑战，并培养其文化自信和爱国主义精神。然而，我们也不能忽视多年积攒下来的教育传统所带来的影响。在某些重点学校中，音乐、体育、美术等课程的关注度仍有待提高，无论是成功的教学经验还是师资力量都显得相对匮乏。

因此，要开设这些课程，学校必须具备充分的决心和手段。以体育教学为例，我们需要制定一个全面的应对策略，涵盖体育训练、体育作业、体育比赛、体能体质监测以及体育考核等多个方面的难题。

近些年来，中国的体育教育历经了一系列的演变：从体教分离到体教结合，最后发展至现今的体教融合。在这一过程中，体育在教育领域的地位逐步提升，国家和民众对体育的观念转变和重视程度亦逐步加强。诸多现象足以显示体育的比重在不断增大：随处可见的体育健身公共设施日益智能化、广泛分布的健身房数量增长、学校体育课时的增加，以及学龄前儿童体适能训练馆的开设等。这些都是体育比重增加的迹象。这表明，国家正致力于全面培养学生的核心素养，知识已不再是教育的唯一焦点。其实，在先前的课程标准中，体育也受到了关注，然而传统观念仍未使体育受到足够重视。随着国家的持续发展和时代的不断进步，体育的重要性愈发被广泛认可，全民健身更是极大地激发了人们对体育的热情，这无疑是体育和教育融合的一大进步。

四、DCS 教改路径探微

DCS 教改之路就其实质而言，是追求高质量的学校教学变革，实现区域学校的创新性发展，最终推动学校的高质量发展。那么，我们就必须选择可行而高效的学校教学变革的路径，或者说是准备好变革的条件。

（一）培养良好习惯。

每个人都应有良好的行为习惯，这是教育过程中基础而又必要的，然而我们需要重申此观点，这主要源于我们以前的多次变革并未取得预期的成果，这并不是由于我们努力不足，或者是对改革目标的认识不够清晰，而是因为我们并未充分做好相关的准备工作。正如"万丈高楼平地起"，如果教育改革的基础不牢固，那么全面深化改革也就难以达到预期的目标。因此，我们需要改变不适应时代发展的教育习惯，并且设定一种具有东长寿学校特色的变革标识，这应当首先从培养良好的行为习惯做起。

好的习惯即教育，这话没错，但是很笼统，一个好的习惯既靠教育来养成，同时又为更高质量的教育准备了坚实的基础。养成好习惯的重要性，莫如"5+2=0"现象最能直接证明这一点。所以，要让学生真正养成一种良好习惯，必须取得家长的认可和支持，同时还要让他们做好监督。中小学阶段最重要的是培养一个人一生受益的习惯，这是人格养成、学养获得的有效途径。

学校要培养学生的哪些习惯？我认为有三个：

一是健康习惯，如卫生习惯、饮食习惯、作息习惯。

二是做人习惯，如自信习惯、感恩习惯、自理习惯、教养习惯。

三是学习习惯，如听读写习惯，探究习惯，思考习惯，自学习惯。

学生需要养成的好习惯很多，上面的习惯都是最基本、最重要的习惯，这三个习惯在孩子12岁以前养成，会为孩子以后的学习和生活打下良好的基础。

以上良好的习惯包含如下教育理念：

第一，积极的生活态度。生活中保持积极态度至关重要。尽管有时事态可能陷入困境，然而，塞翁失马，焉知非福，因此我们应停止抱怨，寻求解决问题的方法，并坚信自我，摆脱负面思维。

第二，独立的自理能力。请避免仅仅指示孩子处理任务，而应着重培养他们掌握相应技能。教导学生如何恰当地归置学具，怎样使物品井然有序，如何建立待办事宜和流程，以及如何保持专注关键问题。培养生活中的秩序感与条理性，是父母赋予孩子弥足珍贵的知识财富。

第三，做事有条理不拖拉。在某些特定情况下，人们的确应该放松身心，享受闲暇的时光。然而，当面临必须完成特定任务的情况时，如何确保能够按时完成便成为关键问题。因此，我们应教导学生吸取拖延的教训，识别自身存在的拖拉习惯，并研究有效的方法来克服这一问题。

第四，懂得团队合作。我们身处社会之中，就无法避免社交活动，学生们亦然。请教导你的孩子，人们能实现共同的成功，帮助他人获得成功，将使他自己的成就更为辉煌。提醒孩子结交朋友优于树敌，在竞争之前务必先学习团队协作。

第五，富有同情心、爱心。同情心和爱心往往是被学校教育忽略的主题，家长应该教导孩子设身处地地了解别人，并去帮助别人摆脱痛楚。同情着重于减轻别人的痛楚，而爱心则是希望他人幸福。这两者都是至关重要的。

第六，学会倾听。我们的教育是否为学生提供了学习如何倾听和与人交谈的机会，这可能是许多成年人缺乏倾听能力的原因。为了让学生能够真正地倾听他人，我们应该强调培养这项重要技能，使他们能够理解他人的感受和需求。

学生在受教育的过程中，就像一张白纸，我们怎么教，他们就怎么吸收。与其盯着学生的成绩，在成绩上找不足施以弥补，不如督促学生先养成这些习惯。比成绩更重要的是学生良好的习惯以及健全的人格。

（二）习惯养成之法。

小学阶段是教育的"关键期"，在这个年龄段培养学生的行为习惯成效很大。而一旦错过了这个年龄段，再进行习惯教育，效果就差多了，甚至终身难以弥补。中学阶段的学习习惯也非常重要，不仅关系到学生能否上一所好高中、好大学，而是关系到学生今后一生的幸福。所以我们必须对什么才是好习惯要有一个全面了解。对于在哪一个年龄段培养什么样的习惯，要做到心中有数。以下是1～9年级各阶段好习惯养成具体内容。

一年级习惯

项　目	内　容
学习习惯	1. 按时完成作业。 2. 养成正确的读书写字姿势。 3. 阅读拼音小故事。
生活习惯	1. 每晚准备好第二天的学习用品。 2. 早睡早起。 3. 按时吃饭，爱惜粮食。 4. 爱护书本，爱惜学习用品。 5. 自己穿衣服、系鞋带。 6. 放学后按时回家。
交友习惯	1. 同学之间友好相处，不打架、不骂人。 2. 乐于帮助同学。 3. 不与陌生人来往。 4. 对他人的帮助要主动致谢。
健康习惯	1. 早晚刷牙。 2. 饭前便后要洗手。 3. 不吃不卫生的零食。 4. 按时做两操。
行为习惯	1. 升国旗奏国歌时自觉肃立。 2. 见到教师和客人主动问好。 3. 不乱扔果皮纸屑。 4. 公共场合不大声喧哗。

二年级习惯

项 目	内 容
学习习惯	1. 每天预习半小时。 2. 独立完成作业。 3. 上课认真听讲。 4. 自觉阅读课外书。
生活习惯	1. 自己能做的事情自己做。 2. 吃饭不挑食。
交友习惯	1. 做错了事情主动道歉。 2. 不欺负比自己弱小的同学。 3. 不嘲笑别人的缺点。 4. 学会感恩。
健康习惯	1. 每天锻炼身体一小时。
行为习惯	1. 会用礼貌用语。 2. 按顺序上下车。 3. 爱护花草树木。 4. 随手关灯和水龙头。

三年级习惯

项 目	内 容
学习习惯	1. 每天预习、复习。 2. 上课专心听讲、认真思考、积极发言。 3. 作业干净整洁。
生活习惯	1. 自己的事情自己做。 2. 合理安排时间。 3. 少吃零食。
交友习惯	1. 能学到身边朋友的优点。 2. 远离品行恶劣的人。 3. 主动帮助有困难的人。 4. 向别人请求帮助态度诚恳。

（续上表）

健康习惯	1. 勤洗澡、勤换衣。 2. 每天坚持锻炼身体。 3. 有良好的用眼习惯。
行为习惯	1. 主动排队上下车。 2. 用文明语言和别人交谈。 3. 养成节约的良好习惯。 4. 孝敬父母。

四年级习惯

项　目	内　容
学习习惯	1. 自主学习。 2. 积极思考，大胆发表自己的见解。 3. 作业干净整洁且准确率高。
生活习惯	1. 合理有效安排时间。
交友习惯	1. 尊重他人。 2. 真诚待人。 3. 能分辨是非。
健康习惯	1. 衣服干净整洁。 2. 每天锻炼不少于一小时。 3. 有良好的心理素质。
行为习惯	1. 自觉遵守公共秩序。 2. 用文明语言和行为与他人交往。 3. 为父母及家人做一些力所能及的事情。

五年级习惯

项　目	内　容
学习习惯	1. 善于倾听。 2. 勤于思考，敢于质疑，与人交流，不怕说错。 3. 自主读书，会写读书笔记。

（续上表）

生活习惯	1. 有良好的生活习惯。 2. 健康合理使用网络社交平台。
交友习惯	1. 热情大方。 2. 与积极健康的人做朋友。
健康习惯	1. 干干净净每一天。 2. 每天坚持锻炼。 3. 用积极健康的心态对待生活学习。
行为习惯	1. 自觉维护公共秩序。 2. 用文明语言和行为与他人交往。 3. 对客人要自然大方。

六年级习惯

项 目	内 容
学习习惯	1. 主动搜集与学习相关的材料, 拓宽自己的知识面。 2. 注意运用所学知识解决实际问题。
生活习惯	1. 健康有规律的日常生活。 2. 做事有计划、不盲目、不拖沓。
交友习惯	1. 学会保护自己的隐私。 2. 尊重他人的观点和习惯。
健康习惯	1. 讲究卫生。 2. 科学锻炼。
行为习惯	1. 举止文明, 诚实守信。 2. 勤于动手。 3. 爱护环境。 4. 积极参加公益活动。

1. 初一培养自学能力良好的学习习惯。

应做好听讲、笔记、作业、改错、总结。

听讲：听教师对一道题目的思路突破分析，听一道题目或者一类题目的总结，听自己有疑问的地方。

笔记:(1)基础的定义、定理、性质（一定要理解记忆）；(2)自己课上的灵感；（3）自己有疑问的地方；(4)教师的归纳与总结作业:

作业：认真完成作业是对课堂知识的落实，很重要。

改错：对自己没掌握的知识及时弥补与修正。

总结：总结不需要太长时间，但是对能力提升很重要。把自己的知识体系归纳总结，编织成网。

2. 初二培养自学能力。

一是做好四会：会听、会做、会讲、会变。

会听：会听教师讲课的关键点，听讲效率高。

会做：把会的做成对的，准确、规范地进行书写，表达自己的思路。

会讲：把自己会的东西讲解出来，能力达到一个新的层次。

会变：题目的形式发生变化，能发现本质，准确解答。

二是改进学习的思路，做好三多：一题多解、多题一解、一题多变。

一题多解，打开思路，找到巧法。

多题一解，归纳总结，找到通法。

一题多变，形式多变，找到模型。

3. 初三培养自学能力。

初三在延续思维能力提高的基础上，让学生逐渐养成自学习惯，自己学会整理和查找资料。比如：教师经常会要求整理作家的生平事迹，开始可以上网帮助学生查资料，后来就让他自己查，自己整理。

初一初二可能每晚督促学生写作业、阅读、写读书笔记。到了初三，必须让学生自觉有意识地做这些事。周末的时候让学生自己安排学习和生活，根据自己的需求查漏补缺，家长只要做好最后的审查工作就好。

（三）习惯养成之道。

在DCS学校变革中，个人习惯的培养始终是核心要务。学校需要设定清晰的习惯培养总目标，各年级、各班级也需在理解任务目标的基础上制定出相应的改进方向与养成规划。每位学生都应了解自己必须改掉哪些不良习惯，必须坚持哪些优秀习惯。我们将这种变革视为关键步骤和首要策略。它是实现习惯养成成功的基石，是成功的希望，也是成功所必需的措施和条件。

1. 教育者要了解"知、情、意、行"的习惯养成规律。

所谓"知"是指要明确阐述各种习惯的要点，例如保护视力、课堂行为和课间行为等。教师需要整理这些要点，确保孩子和家长都清楚明白，并在家中实施。此外，还需要养成良好的体态习惯，如站有站相、坐有坐相，并规定固定看电视和看书的时间和姿势。

"情"就是要重视情境教育。孩子知道了怎么做，但是因为习惯还没有养成，他们很容易随着原先的习惯来做任何事儿。所以我们一定要通过孩子们喜闻乐见的方式，在特定的场合进行实时地点拨。我们可以讲关于某个习惯造成伤害的故事，同样在这种情境出现的时候要及时地提示。情可以成事，也可以办事，我们往往因为对孩子过于迁就而放弃了刻意要求。

"意"就是培养意志意念的习惯，这是需要毅力的。所以每个人都应该知道自己在什么时候、靠什么样的行动来约束自己，才能够形成好的习惯。要让他给自己的心里画一道红线，如果一个人的行为处事都有底线思维，那么习惯的养成就不远了。

"行"，当然指行动，其实习惯的养成最重要的就是让自己服从意念约束，一直到行为的自然而然发生。行为心理学告诉我们，一个人养成习惯需要 7～10 天的时间。在这 7～10 天的时间里，我们一定要提醒孩子注意这件事儿，更要注意他们从被动提示到主动养成。我们要在这个过程当中注意观察并适时地提示和肯定。

在这个过程当中，无论批评和表扬，适当地奖惩都是必要的，最好的奖励是要让孩子获得改变习惯养成良好习惯所带来的荣誉感。一定要注意让孩子有一定时间的情绪体验，然后要辅助合适的补偿常识，这样孩子才能有更深刻的情感触动，才会有更好的意志努力。比方我们可以确定一个"100个好"的目标。如果按10天来计算100个好，每天要肯定孩子10次。一定要和孩子随时结算。当天总结，第二天提示，最后，完成了一定要表扬和奖励。

我们特别鼓励孩子自己制定自己的习惯养成计划。对某件事应该怎么做了然于心。成为他主动追求的目标，这才是真正养成自律自学自立好习惯的开始。

2. 学校要教给孩子学会听，学会听人讲课和讲话。

传统课堂存在的"听"问题。学生到学校里来学习，一节课45分钟，最主要的时间都是用来听，可是我们的孩子普遍不怎么会听课。听课的效果和效率都很差。好多孩子反应听不懂教师讲课；在家里，家长又反映孩子普遍不愿意听家长讲。他们不想听、不愿听，听了之后就忘，所谓左耳朵进右耳朵出。所有这一切，就造成了教育的无效重复。

试想一下，不管我们的改革措施有多么得力，教师们多么努力，可是如果孩子听不进去，不愿意听，听的效果极差，我们的改革就不会取得预期的成功。

长期以来，基础教育教学中存在一个盲区：没有"听"

的教育。一个最有意思的现象就是有听力训练，可是我们的语文课却没有让学生学会听的教育。我们长期混淆听课和会听课的区别、听到和听懂的区别。我们往往有一个错觉，认为孩子听不懂往往是因为课程本身难和深，或者是教师讲得不好，往往忽略了孩子听力听觉的培养。所以，我们对学生的听课，长期以来都是听之任之，听天由命。教师的讲课不是娓娓动听，而常常是难听、危言耸听。讲课件的效果自然就不是学生静听、聆听、洗耳恭听。

所以我们的听课长期以来是"监听"。把孩子圈在一个教室里，用纪律对学生进行要约束，不听也要听。孩子这事不听不行，就只能这个耳朵进那个耳朵出，混时间瞎听。

另外，孩子们和所有的成人一样，好奇他们喜欢打听，喜欢道听途说，可是我们并没有好好地利用这一点。

（四）培养倾听习惯。

倾听是一种习惯，也是一种增长知识、增加人脉、获得认同的习惯，体现出一个人的涵养和风度。锣鼓听音，说话听声。会说的不如会听的，其实人们早就用英语来讲听的重要性，更何况今天在学校里，孩子们学习的主要途径就是听课，更为重要的是会听课，愿意听人讲话且能听懂别人的话，是教育能否收到成效最重要的一个途径。

行为心理学研究表明，听别人说话是有窍门的。倾听，是有规律和窍门的。倾听的第一步就是观察，观察对方的微表情、动作表情等，推测对方在这次交谈中的态度、意向以及隐含的内容等。其次就是回应，如何做出符合对方心理、让对方感觉到满意的回应，也是一个很大的挑战。要学会把握自己的倾听，究竟问题是出在哪个方面？有时无法准确而清晰地推测出对方的想法，是因为理解、观察和解读的能力较弱。有时知道对方表达出来的意思，却不能用很合适、恰当的语言表达出来，这是因为逻辑和表达能力较弱。接触新知识，总是有一个过程，会学习就是用最快的速度去倾听，会听人讲话是一种能力，听懂却是这一切的开始。

会听课的学生有以下具体表现：

一是对听课者而言，会听者必然是带着问题来听课的。全神贯注不但不容易做到，即使是做到了，也往往只是一种陶醉状态，起不到真正学习的作用，不会听课的人思想总是开小差，什么都听了，可是什么也没记住，很累又没有效果。带着问题去听，才是最有效的。

二是听前听后的反应至关重要。对讲课者而言，教师要有本领让学生期望听到这个教师的课，爱上这个教师的课。只有兴趣是不够的，更重要的是要有方法，要教学生学会预习，带着问题来听课，不能因为只是参与了、乐了而忘记了上课的目的。若只重在参与和快乐，那上一堂课与听一场相声就没有什么区别了。

三是听完了之后要辅导学生去总结并理清讲课的内容。要学会在规定的时间内进行反复体会、理解和掌握运用，记忆最重要的策略是有效时间内一定量地重复性再现，以及科学地练习。

做到倾听并不容易，倾听是有条件的。一个人的注意力不可能保持长久，它要在一个氛围当中来实现。学会听人说话是一种学问，更是孩子能够进入专注学习的状态。倾听是可以训练的。听课（听力）训练是学习最为重要的环节，听课也需要合理的计划，坚决的执行力，还有正确的方法。

让学生成为高效的学习者。在我们的学校，规范的学习行为和学习习惯，加上行之有效的学习方法，然后在平时学习中做到以下五个环节，就一定能显著提高学习的效率和考试的成绩。

第一，听课必须是在学习计划之中。凡事预则立，不预则废。想要让自己的学习和生活状态有所进步，就必须制定学习计划。做出了计划，就一定要遵照计划执行，否则再好的计划也是废纸一堆，浪费时间。

第二，预习是听好课的前提。为什么有些孩子在上课时听不懂，到了课堂上恍恍惚惚的，打不起一点儿精神？基本上每节课的有效内容不超过三十五分钟，想要在这三十五分钟内有所收获，听到教师讲了些什么，一定要有效预习。凡是听课效果好的同学，一般都会课前预习，发现一节课的重点、难点和疑点。这样课堂上课就是温故知新和查漏补缺。简单地说，预习就是找出问题，听课就是解决问题。预习的时候，就是找出思维断点的过程，这样我们在听课的时候会更有侧重点，将教师在课堂上讲到的知识内容全部听懂看懂，那么做作业的时间也会明显降低。

想保证听课的效果，预习是非常重要的学习环节和方法；每次花个两三分钟来读一遍课本，将不懂的地方记录下来；最好准备一个预习本，用来明确问题和记录问题；然后留到第二天上课的时候，教师讲到了这些问题，就要迅速记录下来；如果没有讲到，就要想办法到教师那里问清楚，或是自己通过查询课本或资料解决这些问题，这也是对自己学习的监督和管理。

当然，预习只是对课程内容的提前熟悉和预热，最好不要花太多时间，否则到了上课的时候就会缺乏新鲜感，听不进去。

第三，听课中的重点掌握、难点突破。听课始终是学习的重要环节，我们的思路要跟着教师，最好是眼睛一直盯着教师，不要觉得不好意思，这是避免在课堂上打小差甚至胡思乱想的有效方法。

第四，复习是保证听课效果、深入理解内容的必须补充。课上听懂的并不等于课下就理解，一时听懂了并不等于永远就记住，所以复习是必要的。回想讲课内容、查阅课堂笔记和复述教师的讲解和方法，就是最好的复习方法。学生放学回家，先打开课本，仔细回想教师在课堂上说过的内容，如果有些不明白或是完全搞不懂，就及时查阅相关资料，把课堂上所学的知识点全部明白了，就合上课本，尝试用自己的话复述当天所学内容。只有通过自己思考，将所学的知识点复述和表达出来，才能说明我们真正掌握了课堂上学到的知识。光靠死记硬背是不行的。

第五，作业巩固是验证听效果的质检程序。写作业，要记录学习时间，一定要限时。所谓有效听课，就是不但在课堂上听得明白，听得痛快，而且在课上课下预定时间内能完成学习任务。写作业这个事情，一定要限制时间、提高效率，每次越快越好。如果把听课的知识掌握了而不会解题，那一定是方法出了问题。学生不会解题，就翻资料、请教同学，甚至是抄答案，还不如自己沉下心来完整地回顾一下听课的内容和重要的环节，提供这种课堂复原的最好手段，可以借助现代科技手段，把教师讲的重点重温一遍，或者是查看一下自己的听课记录。一堂完美的听课，都会有非常翔实和条理清晰的知识体系笔记，图文并茂，还会有一个容易出错的记录和完美的提示。

（五）营造课堂气氛。

实行新的教育改革，最重要的是要保持课堂融洽气氛，这需要在五个方面进行有效的管理。

第一，快速听从指令。这是保证课堂效率最重要的一点。缓慢的节奏，会让同学养成不良的生活习惯。一旦大家不能快速地统一地听从命令，那么我们的课堂气氛将会因为组织教学而变得拖沓。失去节奏，而且影响每一个人的心情。我们要让孩子养成快节奏的习惯，因为未来他们会生活在一个快节奏的时代。无论是课间的排队还是立即在座位上坐好，或是马上开始做题，都要进行有效地训练。

我们的课堂气氛越融洽，学习就会越高效，学习的过程越有趣，学生学的东西就会越多。可以让学生练习三遍重复的方法，在重复的过程当中给予明确指令，而且可以导入这个组或各组之间的竞赛，这样就会让我们的学生前所未有地积极参与学习当中去，无论什么样的课堂秩序，学生反复练习的熟练度越高，学生就越感到轻松愉悦。我们要相信孩子本身就是快节奏的，要让他们明白自己需要做出的改变是什么，准备怎么改变，要有一个书面计划来指导他们进行。

第二，开口说话前一定要举手。科学实验证明，我们大脑中的镜像神经元决定了我们所能观察到的模仿行为。如果我们的教师在看见学生问题的时候直接去指责，那么孩子就会在他想要说的时候随口就说，随心所欲去做。

对于一年级的学生，在上课前要有意识地带领学生重复相应的动作，而且要不时地进行总结表扬进行强化。要提示他这是课堂守则所要求的内容。我们要保证每天练习的次数，让所有的学生都能体会到做对了事的那种喜悦。如果我们的学生能够齐心协力形成一个快速高效的课堂氛围，那么教师就一定要有一种特别享受的表情，并且要不失时机地对学生表示感谢。

第三，离开座位前要举手。

第四，做出明智的合理的选择。人的一生做出的选择至关重要。明智的选择是真实生活的关键，因此，我们不能让别人的指责影响我们的人生轨迹。首先，我们应该让同学们牢记课堂守则的内容，然后告诉他们什么是明智的行为选择。教师需要经常提问，什么样的选择是最明智的，这种选择涉及学生在学校活动的各个方面，比如走路和进入课堂需要注意的问题。

第五，教师要知道自己因何愉悦。

身为教师，关键在于认识并理解教师可获取快乐的领域。也应让学生了解这些要点，但要避免让学生误认为这些是纪律约束的结果。这一目标在于建立和教师更和谐的互动关系。优质的师生关系，正是教育的核心所在。

营造了这样的课堂气氛，我们的学生就会把注意力始终放在他们应该关注的学习内容和目标上。教师的教学指令必须通过学生关注的东西才可能达到相应的效果。因此，我们必须明确，为何教师的仪表如此至关重要。因为学生对你的观察可能集中在你的某个微小行为、某个面部表情、黑板上的某个细节或是某个声音的突然出现。然而，教师必须清晰地了解哪种行为是最佳选择，哪种行为最符合你的喜好。教师应谨慎避免过度讲解某个道理，不要误以为只要你能将道理讲解清晰，学生就有义务跟随你的步伐。实际上，你讲解的时间越长，你可能失去的学生就越多。

五、DCS 教育评价改革

（一）评价趋向的转变。

未来学校的核心价值在于培养具备适应未来社会发展能力的公民。未来教育则需要注重培养学生的创新思维、团队协作、批判性思考和解决问题的能力等综合素质。家长需要积极参与孩子的教育过程中，关注孩子的全面发展，适应未来教育的变化。教师则需要通过创新教学方法和手段，培养学生的综合素质，塑造未来公民的必备能力。

1. 教育空间无边界。

在此之前教育都是校园之内的事情，而在这之后，教育空间"破界"了。因为只有打破校园围墙的束缚，才可能拥有面向未来的智慧教育。

（1）打破传统学校教育空间僵化的瓶颈，优化空间资源，全方位、深层次、多角度打造无边界教育空间。校园要成为学生的"天然学习场"。学校建设以"孩子心目中的校园"为主题来进行，甚至可以将之立为最基础的校本课程。

（2）将学科内容与户外空间相融合，尽可能让学生探索自然，在实践中发现，在发现中创造。

（3）学校全方位设置图书角，建设起"人在书中，书在手边"的育人环境。同时在班级中设立"温馨书吧"和读书文化墙；在连廊里创设"心灵氧吧"营造文化氛围；在办公区设置"阅读憩园"，供教师阅读摘记，开阔视野，提升能力。

（4）图书苑成为师生的"心灵制氧吧"。学科室成为校园里的"探究协作区"，由学生和教师一起主办。每一个学生的问题都能够作为探究方向，取得学校的认可和学科室的认领。

（5）学校建设几十个未来学习中心，室内配有实验边台和中央区。

（6）无边界的教学空间打破传统课堂千篇一律的学习场景，利用可移动设备适应集体授课、小组讨论、实验演示等不同的学习方式，帮助学生在小组合作中学会沟通，学会质疑，学会表达。

2. 教学体系无边界。

课程育人，也需要打破学科界限，在无边界的教学体系中孕育未来。因此，学校应对未来教育的走向，推行课程育人体系，培养"有情怀、会表达、善思辨、乐创新、懂审美"的学生。

（1）作为立德树人核心的德育课程，要体现日常性和秩序性，通过多样化的形式吸引孩子们的兴趣。比如教师对阅兵式进行深入剖析，运用大数据分析激发学生尊重生命的意识；校长分享基地拓展体验等。学校还将劳动教育和品德教育相结合，开设"导师劳动课"和"家务劳动周"活动，树立典范，引导全体学生积极参与劳动。学校积极开发大班会课程，由优秀教师主导，拓宽学生的视野。

（2）以实践活动为主题的研学课程以正常课程出现，并且建立自己的特色。学校设立研学课程，提升研学旅行的内涵。"自然研学"走进大自然，在自然中丰厚书本知识；"科技研学"走进大学或工厂、田间地头，近距离领略科技应用的场景和魅力；"红色研学"走进红色基地，传承红色基因。让学生在行走的课堂中寻找学习新方式、成长新动力、快乐新源泉。

（3）以传承文化为基础的阅读课程参与全科阅读。学期初，学校会组织每个学科确定能够提升学生本学科素养的书目；每周一次一人课前五分钟读书分享，读完制作读书周报或月报；举行学科读书小达人PK赛，多措并举，拓宽了学生阅读的广度。走近名家经典，开设名著大讲堂，师生共聚一堂，同读一本书，学生与书相约，在读名著、品名著、讲名著的过程中提升精神内涵。学校还积极开展丰富多彩的读书活动，通过晨阅、午读、暮省等环节丰富读书活动，让学生养成"爱读书、会读书、读好书"的好习惯，引导学生从"阅读"到"悦读"。

（4）以提升学科素养为目的的拓展课程。学校在国家课程的基础上，开设多种学科特色课程，这些课程围绕"激发兴趣、学会探究、服务生活"三个梯度，提升学生的高阶思维和实践能力。如"数学思维"课程、生物"秘密花园"课程、地理"星空的奥秘"课程、"时政热点"课程等，学生在搜集信息、交流碰撞的过程中，培养信息处理和独立思考的能力。

（5）以感受科技发展为目标的创客课程。学校积极搭建各种科技教育平台，挖掘一切可以挖掘的社会资源，开设创客社团、形成小创客特色课程。以周三下午一个半小时的社团选课走班制为主阵地，以阳光早餐、大课间活动、自主课堂为补充，全面普及创客教育。全面培养具有创新素质、创造能力的创客小达人。

（6）以健康美育为特色的素养课程。为满足学生个性化发展的需求，根据学生的兴趣爱好，成立多个美音体学科的社团和特长小组，包括书法、国画、创意美术、合唱、器乐、篮球、足球、乒乓球和棒球等。通过专项培养、特长生档案的建立以及分层教学等手段，致力提高学生的专业水平，并培养出具备发现美、欣赏美和创造美的艺术之星。

3. 教育资源无边界。

未来的教育必将从学校中心拓展到社区学习中心，学习资源也将打通学校与社会的界限。因此，社会资源和学校资源的多向共享，将极大促进资源流通互惠，丰富教育资源的内涵和外延，真正做到家庭、学校、社会多方无边界共赢。

（1）资源共享，让爱无边。作为"无边界"智慧校园，周边社区及社会资源也面向学校敞开大门，从硬件和软件两方面全力支持学校教育。教学不再由教师独立完成，而是从学校拓展到家庭和社会，师生互动、生生互动、家校互动、校企互动，家长、社会各领域的专业人士都可能为学生提供无边界的学习资源。

学校也可以考虑在适当的时候将优越的教育设施面向社会开放。体育场、图书室、音美教室均面向居民开放。

（2）角色转换，让爱延伸。为了提升父母的教育智慧，筹办父母大学，开设父母大学智慧课程，包括专家引领课程和读书观影成长课程。专家引领课程重在以科学的教育理念丰富教育手段，拓展教育思维，引导父母以更加平等、包容的心态引领孩子成长，不拘泥于眼前成败，关注孩子长远发展，做理智型、智慧型父母。同时，积极引进"家庭教育研究与指导"优质师资，鼓励家长进行课前调研，关注热点，进行课后总结，实践行动。

（3）读书观影成长课程以制订父母读书计划、"家长读书交流会"等内容为主。利用父母大学课堂，选拔优秀家长代表交流，或亲子共读，或阅读分享，或好书推荐，唤醒家长自我成长的欲望，以培养更多的"智慧家长"。同时，推荐优秀家庭教育影片，号召家长陪伴孩子一起观看，让亲子关系在观影中更加亲密。

（4）导师制让教师成为暖心的家长。学校本着全科育人的理念，以"人人成长为导师"为目标，实施了全员成长导师学业规划指导。这种导师制打破了班级和任课教师的限制，让学生多一位可以交心的朋友。

（二）评价原则与分寸。

戏台仍然保持不变，但剧本已经更换。教师们关注的一个核心问题是"是否需要更换演员"。

1. 形势逼人强，不改不行。

作为教育工作者，我们必须明确：我们正置身于一场百年未有的教育变革之中，中国的教育改革已经进入一个关键的阶段，追求高质量的教育已经成为社会的共同呼声。中高考制度的改革已经开始了，正准备响应改革的号召。为了配合这一改革，各级学校的课程改革也已被列入日程，从本届初一新生开始，体艺课程的重要性将与理化等学科相等。中高考制度的改革将为教育领域带来一场重大的革命，我们期待全体教职员工能充分意识到这一变革的重大性，并提前调整自身的认知，以便适应国家对教育要求的转变，从应试教育转向核心素养的培养。我们必须努力解决李约瑟之问和钱学森之问，这是从教育角度破解历史难题的重要途径；我们也必须面对美英技术封锁和世界疫情严峻以及国际金融崩溃等现实问题，解决这些问题的关键也在于教育领域。

有人指出，未来几年人类将面临四大问题，其中第一个问题是教材问题。由于教材存在问题，人们的价值观也会受到相应影响。也有学者认为，中国文化在"五四运动"后形成了一个断裂，这一观点得到了越来越多人的认同。我们作为教育者，应当认识到，延续和复兴中华文明是我们最重要的目标。我们应该时刻保持忧患意识，并将这种意识传递给下一代，让他们成为中华文明的传承者和弘扬者。

2. 紧跟改革步伐，赢得未来幸福。

每个教师都应该明白这次改革的重要性和急迫性。同时要努力地提高自己的认知，跟上改革的时代步伐。教育者也有教育者的定力，我们应该永远坚持教育的规律：有教无类，循序渐进，因材施教，教学相长。

（1）我们一定要明白，发现兴趣比掌握知识更为重要，理解原理、学会读书比做练习题、考高分更重要。我们必须正确理解语文、数学、外语与音乐、体育、美术之间的关系，正确理解师生之间的关系，正确理解课本知识和课外实践之间的关系，正确理解孩子在家庭当中的位置。

（2）我们必须要明确，我们未来培养学生的路径已经由单一的课程教育变成了素质教育等多方面多种手段，培养学生学会学习，学会做事，学会与人共处。

（3）我们必须要理解，学校的工作方向只能是教育的需求和孩子的成长基础。守望教育，守的是学生和家长的心。教育孩子应该做人有分寸、有追求、有信仰，成长为新时代的责任担当者、优雅生活者、终身运动者、问题解决者。

（4）我们一定要做到带着一系列的课题进入改革中，我们要追求一种高质量的教育发展。不以期月之劳，而忘千载之患。二百多年前，德国教育家第斯多惠在《德国教师培养指南》中曾经说，凡是不能自我发展、自我培养和自我完善的人，同样也不能发展培养教育别人。

（5）我们必须要面对一个人机共教的新时代。我们必须要有勇气借助科技的力量，率先打破中小学的界限，突破学科限定，打破课程限制。实行问题制、项目制。比如语文的识字、阅读、作文，多读多写，就比现在更好！

（6）我们一定要关注学生全方位的发展和个性化的发展相结合。最近某明星的一段话传遍了网络：我家里有像城堡一样漂亮的房子，我只能躺在医院里狭窄的病床上，车库里边有世界顶级名牌的轿车，我只能坐在轮椅上，我的卧室里面有各种名牌衣服和鞋子，我只能盖上医院里面的白床单。我银行卡里面有很多钱，只能交医院里面的医药费。这段话引得无数的感慨：我们到底是要做什么样的人？

如今的孩子个子高，但是跳得不高；感情冲动得快，跑得不快。面部越来越清秀的多，但是戴眼镜的也多。所以关于教育的评价一定是一个综合性的评价。音乐、体育、美术课不是玩乐，更不是放羊、自由活动。每个教师都要在其中担当自己的角色，发挥自己的特长，带领学生去提高各种艺术素养。

每个学生，每个班，每个教师，每个阶段都有一个挑战性的任务。比如男生挑战二十个俯卧撑，女生挑战跳多少个？学习一种什么样的乐器？学会唱什么歌？对一部影片有什么评价？都要清楚，符合实际的目标？要考核要评价，首先要评价的就是有没有一个积极的态度？有没有一个完整的计划？这些计划是不是得到了有效地落实？当然最后需要评价的是学生在这当中有没有得到真正地成长？

3. 要有一个积极认真的态度。

传统的应试教学，大家已经轻车熟路，而形成的各种习惯很难一时改变。所以我们需要提高认识，但是如果认识上一时达不到这样的高度，你就必须服从学校的决策，而且要全力去配合。

（1）不付出就没有收获，但没有思考的付出就是浪费。一个大道理是有本事的教师，让学生把握住题型再做练习作业，题目是做不完的，青春是短暂的，这就是一对矛盾，面对这个矛盾，用做不完的题目压得学生叫苦连天，压得家长无奈，只能这样，这是错误的。

正确的做法是：练习题是无限的，但题型是有限的。

物理是两极分化严重的学科，初二开始学到高三五年，中学物理五年常见题型有多少？回答这个问题很艰难。有个教师把省级以上高考模拟试题有质量的全部搜集做成文摘卡片，正面是题目、括号标明出处、背后是答案，收集到 11,800 多张"一题卡片"，再"合并同类项"，最终发现普通物理常见题型 293 种，而且到 2021 年的物理高考题还没有冲破 293 的范围。300 道题能覆盖，何必要做 3000 道？不需要多练，不需要越多越好，因为学生可以题型全覆盖了。他们不需要再去付出那么多辛苦，但是学生可以轻松的技巧背后，是教师扎扎实实地付出。我们的考核标准也很简单，就是教师要拿出你真正付出过的证据，诸如教师的读书笔记、家访记录，或者教师在某一领域的思考和开拓证明。

（2）要想做好教师，首先做好学生的朋友。从这次变革之日起，我们要发起一个"让孩子信任我"的运动。在东长寿学校，每一个被孩子称为教师的人都应该成为孩子们最亲近的人，都要和孩子们的建立友好的关系。每一个教师都要心里清楚，哪些孩子是我的朋友。一个不被孩子信任的教师是不可能把孩子教会教好的。其实我们每个人都有相应的经验，就是如果一个孩子能把心里话讲给你听，那么他就愿意上你的课，做你布置的作业，完成你交给的任务。同样这也是保证我们本次改革成功的一个关键。

（3）每个人起码要有一项让孩子钦佩的技能。如果一个孩子佩服一个教师，他就会成为这一科的"课代表"。如何让每个教师在学生心目当中变得高大和亮丽，这是我们学校本次抓的"灯光"工程。在佛教界有一本著名的经典叫《释氏传灯录》，佛光普照墙内点点灯光指引。每一个教师都是知识的传播者，只有成为一盏明亮的灯光才能照亮别人。每一位教师都应该培育自己身上的"亮点"，并且以此作为推进这次改革的一种动力和牵引力。

（4）教师要走进每个孩子的生活，首先要接近每个孩子的家长。要能和家长交朋友。家长跟孩子有好的亲子关系，孩子一般不会跑偏。有统计证明：如果没有跟自己的父母建立很亲密的关系，孩子抑郁症的发病率会增高，某些长辈父母过于宠爱的孩子，多动症的概率就高。校园霸凌的程度增加，孩子罹患各种精神类疾病的概率增高。

我们一定要和家长配合好，给孩子心灵播下一颗美丽的种子，并且给他努力打造一种适合成长的环境氛围。让他知道自己会绽放成怎样的花朵，而不是种下一颗让他自己都仇恨自己的种子，长到最后出现种种可怕的现象。

父母亲不良的语言、打骂的行为,动辄否定、拒绝、忽视,甚至是要这些孩子背负长期的竞争压力、过高的期望、不切实际的要求，这些都会让孩子觉得我活不成自己想要的那个样子。

我们既要相信孩子们的家长，又要清醒地认识到，家长们的水平和素质参差不齐。家校合育工作做好了，我们的改革就会事半功倍。相反，如果我们不去做，或者做不好这样的工作，那我们在学校里所付出的一切就会事倍功半。

我们要求每一位教师都要在家访和家长交朋友方面留下扎扎实实的记录。在每位教师家访的背后，我们要派出相应的人员对你的家访工作进行家访，同时对家长支持学校活动的态度也要进行考察。

（5）只有放飞，小鸟才能够飞得更高。真正的教育就是解放孩子的头脑，给他们足够大的自由空间。我们之前的教育叫管孩子，叫教育管理，现在我们叫放飞天性。一颗种子，当然要浇水施肥，但是如果我们把它种在一棵大树下面，它就容易长偏甚至枯萎。孩子有问题可以指出来帮助他改正，但是这并不等于你能够拥有限制他张扬个性、自由发展的权利。所以在这项改革实施的时候，对于孩子的了解，对于自己职责范畴的把控是非常关键的。所以我们每一个孩子都应该有一份自己的成长档案，档案里有关于这个孩子的所有成长记录，以及以什么方式来呈现这种记录。

4. 如何培养好学生。

我们都应该问自己的问题：我该如何存在？一个教师活着最重要的价值是什么？有一份工作就叫生活，在生活基础上，把这份工作做好，这叫事业。在工作基础上去做科研就是奋斗。

5. 如何成为好教师。

优秀的教师、成熟的教学方法与杰出的学生紧密关联。学校内部，教育、管理和课程呈现出理论与实践的融合；学校外部，学校、企业和社会构成教育的社会环境。假使我们将教育视作烹饪技艺，那么学生就如同面团，可塑造为馒头或烙饼，这取决于我们的需求和期望。然而，教育的探索远未止步，面饼可以被塑造为各式各样的形态。仅仅一片烙饼也能被切成饼丝，烩制、焖炖、炒制，更可搭配各式蔬菜与汤料。

用一句流行语来说，即"只有想不到，没有做不到"，最重要的是我们需要具备独特的技能，这便是核心竞争力。对于建设未来学校我们刚刚迈出第一步，只要心中充满阳光，脚下充满力量，即便前方面临风雨交加，只要志向坚定，我们便能披荆斩棘，勇往直前。

（三）面向未来的评价。

自 20 世纪 70 年代以来，教育考评已经由从最初的单一测量功能经过导向目标、多元化区分评定功能、发展到第四代的教育评测，即以认知和成长为目的，以诊断和甄别为核心，实现对学生个性化、多元化、全面综合地评价。该评价系统融合认知诊断理论、多维项目反应理论和实质性理论于一体，集成评定、甄别、诊断三大基本功能，科学可靠地解决了因材施教、因人施教的精准化功能性评价。不论是对考试的题目、考试的方式，对参与考试的主观愿望考虑，都已经有了相对成熟的意见。不仅有助于学生问题发现和确诊学习上存在的问题点、困难点、盲点及其形成的原因和机制，从而找到解决问题的方向和方法。同时也能让教师发现和确认自己在教学目标和教学中存在的不足之处，以便有效地改进。

教育部早就颁发了《关于推进中小学教育质量综合评价改革的意见》，明确提出来要建立健全中小学教育质量综合评价体系。在这个体系中，对科学应用评价结果提出了明确的界定：一个是结果呈现，一个是结果使用。

所谓结果呈现，就是要对评价内容和关键性指标进行分析诊断，分项给出评价结论，提出改进意见，形成教育质量的综合评价报告。

综合评价报告要注重对优势、特色和存在的问题的反映，不能简单地对学生和学校教育的质量进行总体性的等级评价。

所谓结果使用，就是要把教育质量综合评价结果作为改善教育教学过程、完善教育措施、加强教育管理的思考，作为评价考核学生和教学工作的主要依据。因此，我们所要进行的考试与评价的改革，不能再是简单地给分数排名次，而是要真正以可靠的数据为决策依据，以可信的事实为基础，实现因材施教和因人施教，促进学生多元化、个性全面综合发展。

教育技术已经极大地改变了教育生态，以教育评价技术、资源技术、大数据技术、信息技术为载体构建的互联网教育评价技术，已经使构建学生个性化、多层次的、多侧面的、灵活多变经数据认知上的分析评价成为可能。

我们也要建立自己的学生综合素质评价体系。学生的人品德行，社会公益心，组织管理能力，良好的生活和学习习惯，以及其他一切符合核心素养的表现都将被纳入这个体系。

我们的考评要"立足于终身学习，推进泛在学习，着眼未来学习"。

1. 建立个人学习档案。

2. 选择并建立学习模式。养成符合自己性格特点的学习模式和知识构架。

3. 完备全方位的个人成长数据。

4. 建立学生个人读书全方位成长的协助机制。

5. 构建东长寿的"知识储蓄所"，把所有学科的知识按照不同的知识点设立存储的培养机制和评价机制。鼓励学生按相应的规定积累知识。

6. 设立东长寿学校"学生技能银行"。记录每个人的特长和优异表现。

从而形成一个"人人皆学，处处能学，时时可学"的学习成长生态。

（四）追寻评价的智慧。

长期以来，分数是人们评论学生好坏与教学质量的唯一标准。用试卷说话，凭成绩看人，是传统教学模式当中最珍贵，也最令人反感但又不得不接受的评价方式。"一考定终身""不求文章中天下，但愿文章中试官"，这是考试崇拜的畸形表现。多少学生一提"考"字，心惊肉跳。考场之上，如履薄冰，考完之后，或得意忘形，或灰心丧气。教师盯着考场考生，家长盯着考试成绩，成为一种学校发展的不良生态。学校中有考试，但考试和分数扭曲成这样子，不仅与党和国家的育人方针相背离，也与学生和学校教育的发展相矛盾。

在汉语词典里，"考"这个字儿组合成的"烤""拷""铐"，很形象地说明了"考"这个字在中国传统教育中令人恐惧的形象。今天，考试改革势在必行！未来学校考试变革主要体现在以下几个方面。

1. 考试改革的开放与结合。

（1）考试形式的开放。口试笔试相结合，教师出题与学生出题相结合，水平考试与等级考试相结合，常规考试与优异考试相结合。一次考试与多次考试相结合，扣分时考试与加分时考试相结合，师评与自评、生评、家长评相结合。

（2）考试内容开放。类型多样，题材丰富，知识融合，智情融合。

（3）考试时空的开放，可以课内学习知识考试与课外学习考试相结合，整体考试与部分考试相结合，考场考试与现场考试相结合，教后考与教前考相结合。

2. 考试也应该华丽转身。

（1）让考试不再变得那么令人恐惧，加入一点知识的温度。考题也要讲灵活，有个性，有魅力。

（2）可以有多种形式、多种梯次的考试，让学生选择；

一个年级也不一定是一样的考试内容，只要这个学生自己和自己的以前相比进步了，就应该得到肯定。

（3）增加平日里竞争式的学习、对辩式的问答，代替死板的统一考试。

（4）考试的范围，考试的时间，除了国家规定的大考统一考试之外。应该灵活掌握。

3. 总结评价出新招。

古之出师必有名，名不正，则言不顺。学校将来应该如何考试？如何评价教师们的改革成果，将成为我们这次教育改革能否顺利进行和成功的一个关键问题。

（1）对学生考评，形式应该更多样，力度应该更柔性。如星卡制度：学校设立各种各样的星卡，对孩子进行考评。"绿星卡"标志着进步，"红星卡"表示奖励；"黄星卡"，是一种惩罚的象征。十张绿星卡换一张红星卡。设计相应的红星卡申请表，学生自己填写绿星卡获得情况。班主任则在每周公布红星卡获得者的名单。绿星卡的种类分为好学卡、特长卡、努力卡、习惯卡、班级卡、家庭卡、学科活动卡、遵守纪律卡。其中学科活动卡又分为文、体、美等各种活动。只要有课程有活动，有学习的项目就有相应的绿星卡作为奖励。

如果学生犯了过失，违反了纪律。则有教师出示黄星卡。

并要求退回一张绿星卡；如果学生在一周之内改正了错误，就可以用新获得的绿星卡换回黄星卡。

期末的时候根据绿星卡获得数量，评出一星级、二星级直至五星级少年。

需要说明的是：星卡制度要和评选三好学生这样常规的评价体系结合起来。这样就使得学生评价有了明确的方向、清晰的目标、开放的心态、宽松的结构、多样的形式、活泼的气氛、双效的评价、显著的效果。

（2）对教师进行考评的目的主要是为了改革顺利地进行。促进课堂改革工作，包括教师的培训、家长的动员、社会力量的参与、项目的确立及各项措施的具备。我们要坚持考评的公正性。要认识到各个课程的特点，比如，教自然常识的教师到底和自然有没有实质性接触？我们应该让教师首先明白我该教什么？什么样的学生才是最重要的，如果我不用最现成的教案和答案，那么我该如何讲解知识？如何回答学生的问题？

总而言之一句话，我们要考核教师的是思想意识改没改？教学方法变没变？活动范围扩没扩？师生关系、教师家长关系近没近？当一个教师做了这些变化之后，我们可以将效果放在一个较长的时间来考察。

（3）重要的不是奖励什么而是奖励的时机。①对教师进行奖励，一定要出其不意。只有给人带来感动的东西，才能够持续长久。从心理学上来说。这是由奖励承诺和结果变成奖励过程和动机。②一定要奖他们花钱买不到的东西。甚至可以不奖本人，奖他的孩子和家人。这特别需要策划。③奖励不能形成固定的时间和套路。要随时随地进行。这样教师们才能够感受到跟着学校一起努力改革创新的乐趣。④奖励的东西。要经过精心设计，具有荣誉感，能长期保存又具有实用性，可以解决实际问题。⑤荣誉永远大于物质。比如对于教师，可以把这评价和他们的评定职称进行绑定。

4. 慎用教育惩戒权这把"双刃剑"。

（1）教师拥有惩戒权。日前，教育部制定颁布了《中小学教育惩戒规则（试行）》，明确在确有必要的情况下可实施教育惩戒，赋予了中小学教师"教育惩戒权"，这有助于恢复正常教育生态，在一定意义上，为学校和教师"敢管""能管""愿管"提供了"尚方宝剑"。

但是，任何事物都是一分为二的。教育惩戒的目的是教育和转化存在违规行为的学生，培养学生更加健康的人格。但它同时是一把"双刃剑"，学校和教师需要思考，如何在发挥这把"剑"的惩戒价值的同时，又能保护儿童身心健康成长？

近年来，面对越来越不好管理的学生，特别是屡屡违纪、行为极端的学生，由于无法可依，教育工作者常常处于两难境地：不对学生进行教育惩戒，说服教育已经失去了效用；而对学生进行教育惩戒，又往往会面临家长投诉。

教育惩戒之于校园，渐渐变成了引发舆情的导火索。而一旦问题发生，教育行政部门往往会采取处理当事的学校和教师而平息矛盾的办法。长此以往，学校和教师"不敢管、不能管、不愿管"的现象比比皆是，其最终结果是在不知不觉间将问题学生推进了深渊。

不少国家都已明确学校和教师具有教育惩戒权，但其前提是学校和教师不会滥用，必须恰到好处，既能起到教育的作用，又尽量避免伤害学生的心灵。

（2）用好教育惩戒权。

（3）教育惩戒权的使用，还需要建立在教师群体的高素质和高度法治社会之上。实施惩戒的教师必须具备"善用"教育惩戒的能力，能够理性地掌握惩戒的过程，而不会感性地、任性地滥用权力。必须构建一个法治的环境氛围，不仅教师是懂法、守法的群体，清楚教育惩戒的边际，家长也应是懂法、守法的群体。如此，家校才能够避免误解与冲突，达成育人共识。

（4）够理直气壮地讲惩戒。没有规矩不成方圆，佛家有"当头棒喝"。儒家有"群起而攻之"。我们最起码要对此有一个正确的认识，不能谈"惩"色变。也就是说，赋予教师教育惩戒权，是给学生正常成长的保障；赋予教师教育惩戒权，可维持教育教学活动正常秩序，保证教育教学活动顺利进行；赋予教师教育惩戒权，可减少班级和学校管理带来的麻烦；没有惩戒的教育是不完整的教育，是一种虚弱的教育、脆弱的教育、不负责任的教育。

我们还是以东长寿学校惩戒权的使用规范来说明这个事情。

综合各方面的情况，新乐东长寿学校在贯彻落实《中小学教育惩戒规则（试行）》在具体贯彻落实时，要明确以下几点：

（1）根据教育部"各地可以结合本地实际，制定本地方实施细则或者指导学校制定实施细则"的要求，学校会基于实际，制定出可控的、具体的、可操作的教育惩戒方案。

（2）不赋予教师任性惩戒的权力。可参考中国科学院附属玉泉小学提出的八级教育惩戒权，主要是根据学生违反纪律的程度，或是让学生自己去选择惩戒行为，促进学生自己的反省和改进；为保护学生心灵，教育惩戒最为严厉的第八级，仅是剥夺犯错学生参与"十大好玩课程"的权利，从而让教育惩戒帮助学生自我成长，在"犯错""纠错""改错"中变得不再犯错，获得一种成长经验。

严格执行教育惩戒程序。对于确实需要实施教育惩戒的个别学生，须由本班教师提出，列举出表现性事实，经过班级"法庭"的控、辩双方讨论，达成一种适合的惩戒方式。由学校的专业教师（心理学专业相关）进行评估，甚至参与课堂诊断，向学校提出惩戒建议。

（3）严格执行惩戒程度。学校根据学生情况作出决定后，邀请学生监护人到学校进行协商，家校达成一致后，再进行必要的惩戒。

惩戒，必须在学校和家庭中同时进行，学校惩戒、家庭溺爱的行为，只会造成学生的双重人格，不仅起不到惩戒的作用，反而会造成家校对立。

（4）对于特别容易情绪化的教师，学校必须郑重提醒和严格规范，明确其不得独自随意行使教育惩戒权，杜绝滥用教育惩戒权现象的发生，把超出可控范围的教育惩戒权进行回收，以保护学生健康成长。

教育惩戒权这把"戒尺"，应该威而不怒、利而有度，方为全人之策。

（5）惩罚措施，要有时代感，要有人性的温度。①犯错赢得掌声。如：谁迟到了，让全班同学齐刷刷地向他打招呼，谁上课说话全班同学一起鼓掌，来提醒他。②写心理病历。写出自己的毛病、名称、发病时间、发病原因、治疗方法需要多少个疗程？③开学时给学生弄一个惩罚池，每个人写下自己可以承受的几种惩罚，受罚时自己抽取。比如：操场上跑一圈，还要大喊"我爱学习"，或者唱歌给学生听。④如果谁犯了错，请他把犯错的过程再模拟表演一遍。⑤如果犯了错，可以写出自己的十个优点，写出来可以顶这一次错误，写不出来就去做一件好事儿。⑥对于学习好的同学，可以惩罚他七天不写作业。⑦要给全班同学讲一件自己认为丢人的"丑"事。

六、DCS 文化建设路径

始建于 1913 年 3 月的东长寿学校，百年的时间跨度，百年的文化厚度，使它彰显一种优雅的教育风度：谦恭、厚重、大气！悟读百年，学校工作蒸蒸日上，薪火相传，靠的是明德勤学、健康和谐的校训；团结守纪、勤奋自强的学风；领先一步、追求卓越的进取精神；以人为本、为学生的一生打好基础的价值取向；快乐工作、和谐相处的人文力量；学会感恩、回报社会的理想志向。

新时代的东长寿学校，以"双尊"为办学特色，坚持党的"立德树人"的办学方向，秉承"铸魂教育"的教育理念，为每一个生命健康成长扎根筑基。

铸就中国魂，实现中国梦，这是国运所系，强国之基，也是东长寿学校的办学根本，学校把这项工作作为是学校的打底色工程，在实践中创造了铸魂育人的鲜活经验，彰显了学校特色和个性。

翻开一年级上册语文书，"天地人、你我他"一个个方块字迎面而来，从教材来看，孩子们入学首先接触到的已经不是拼音，而是我们世界上最美的文字——汉字，我们真切感受到了：这就是改革，这就是开端，这就是文化改革的新时代！"民族的自信源于文化的高度自信""文化梦铸就中国梦"，而学校正是"文化自信"的唤醒者，所以，我们不仅要让孩子们学知识，还要学文化，让祖国的文化流进每一个孩子的心田，枝繁叶茂，遍地繁花！

（一）古风怡景，润心濡性。

1. 独具匠心的大门。

来到东长寿学校大门，大门浮雕映入眼帘。浮雕为人祖伏羲十大功德浮雕，这是新乐独有的"文化名片"。学校要传承人祖伏羲的创新精神、规矩意识，培养更多的拥有传统美德、社会担当、民族责任、进取意识、创新精神的有用之才。

左为方形大克鼎，右为圆形三足大克鼎，双鼎代表东长寿学校的双尊教育，鼎是中华文明的标志，是孝德文化的载体，只有孝敬父母、尊重人人，才能赢得尊严。

大门是学校文化建设的一个品牌和亮点，起到"于无声处潜移默化"的育人功能。行至校门，已经驻足在中华文化的门前，中华文化倾泻而来。

2. 别出心裁的紫藤苑。

"紫藤花开，寻古思幽。虽无曲水，心有流觞。"

"老树沧桑遒劲，繁茂参天。诗词言志，挥毫落纸。"

紫藤花下，老树荫里，聆听悠长的青铜编钟，与孔子、孟子种几棵青柳，促膝长谈。纵观岁月的风起云涌，与李白、杜甫隔几株老梅，论潮涨潮落。

3. 中医药文化长廊。

中医药是中华优秀文化的重要载体和典型代表。2016年2月，习近平总书记在南昌考察江中药谷制造基础时指出：中医药是中华民族的瑰宝，一定要保护好、发掘好、发展好、传承好。习近平高度重视中医药传承创新发展工作。东长寿学校是全国首批中医药文化长廊学习基地，让学生不出校门，就能了解到各种中草药知识。孩子们在长廊中感受中医文化的博大精深，激发学生热爱中医、学习中医的兴趣，树立文化自信和民族自信。

4. 书法长廊。

2020 年，东长寿学校成功承办石家庄市第十一届汉字书写节，并荣获汉字书写百千万工程"十大传承学校"。获奖作品 550 副，所有作品均已装裱，展览在明德楼二楼和三楼，成为东长寿学校书法教育的一道靓丽风景。行云流水，落笔如云烟，写下每一个笔画都是拉长历史镜头的过程。当每个人的内心沉淀下来去倾诉时，虽然字体形状有别但是灵魂始终是一致的，汉字带给人的洗涤与净化是不会改变的。

（二）撇捺飞扬，朝气蓬勃。

根据学校"铸魂"的理念和"身心灵"的育人目标以及学校的实际，东长寿学校大力开发和实施符合本校发展的校本课程，并从课程内容上努力将国家课程与地方课程相融合，坚持以书法艺术教育、中华经典诵读为载体，把中华文化渗透到校园生活中。

1. 校本书法课程的开发与实践。

《新课标》中明确指出：写字教学要重视对学生写字姿势的指导，引导学生掌握基本的书写技能，感受汉字的形体美，养成良好的写字习惯。

基于学生在习字中存在的实际问题，为了在学校全面推进书法练习，同时让书法教学更贴近学生年龄特点和实际水平，特编写了书法校本教材。教材紧扣部编版语文课文内容，分别从书法课堂、描写加临写、书写技巧讲练三方面，针对不同年龄段学生进行教学，实现学生循序渐进地发展。

2. 中华经典诵读课程的开发与实践。

"铸魂"的方式有很多，但最本质的做法就是读书。"读经典的书，做有根的人。""腹有诗书，其品自高；腹有诗书，其德自谦；腹有诗书，其身自正。"所以我们把"中华优秀传统文化"作为校本课程来深入开展。我们分学段精心设计积极可行的读书方案：

一、二年级开展"亲子共读与实践"。家长们陪伴孩子阅读经典读物。一个成语一个道理，一个神话一个传说，一部经典一脉传承，孩子们撰写阅读卡，展示小小的阅读成果，他们用自己的笔触，传承中华文化，弘扬民族精神。

三、四年级老师引领孩子们浸润墨香，徜徉浩瀚书海；以书为友，享受缤纷童年。孩子们撰写读书心得，积累语言，丰富知识，老师进行阅读指导，和孩子一起品味，一起分享，陶冶情操，受益终身。

五、六年级师生共同投身经典名著的阅读当中。与大师对话，与经典交流，与明理为伍，与博览同行。一本本经典作品，让孩子们徜徉于书香飘溢的阅读空间。在书香中不断感悟，不断完善。

3. 内外兼修，中华太极。

为弘扬中国传统文化，发挥太极拳在全民健身中的作用，我们积极开展太极拳进校园活动，把太极拳纳入课间操，推行几年来，学生们都喜欢上了这项运动。学生通过打太极拳，不仅弘扬了中华民族传统文化，更让学生在大课间的时间从紧张繁忙的学习状态中得到休息，很多学生打了太极拳后，变得精神抖擞了，学习状态也越来越好了。既学习了专业技能，又增强了民族自豪感。

（三）颜筋柳骨，字如其人。

1. 水滴石穿坚持不懈。

"人生就是一项自己的工程，我们今天做事的态度，就决定了明天幸福的指数。"教师的专业发展源于良好习惯的养成与坚持。

（1）教师书法工程。针对教师书写能力亟待提高的现状，我们请来书法老师进行全员培训，因为语文老师对学生书写质量影响较大，学习需求最为迫切。上学期初，学校给每位老师配发字帖，学校领导带头每天打卡练习书法，督促老师坚持习字，并定期检查、评点。全体教师每日下午最后一课进行板书书法展示，学校拍照留档，并进行评比。像这样根据老师的需求提供相应的培训和指导，调动老师学习的积极性和主动性，是东长寿学校促进教师发展的有力举措。

（2）教师阅读工程。老师们日常事务繁杂，容易心浮气躁，需要通过读书求静气。学校建设阅读课程，老师的引领带动作用也是必不可少的。读书交流在学校已经悄然形成一道风景。只有读书，才能实现教师专业化发展，并进而促进教师人生发展和生命成长。每学期，教导处制定读书安排表，教师集体共读《从优秀教师到卓越教师》《给教师的101条建议》《做一个会偷懒的班主任》《杰出班主任的好习惯》等，学校定期对教师的学习笔记进行等级评定，并把学习心得汇集成册；一个月进行一次读书交流。在学校的大力引领下，读书已经成为老师们的成长必修课，大家通过阅读，正在为自身精神家园的构建寻得一方净土。

（3）教师健身工程。坚持练太极，健身抗疫情。钟南山院士说："防疫运动特别好的办法就是太极拳。"师生太极拳在东长寿学校已经开展了十年，每天上、下午大课间，教师要随学生一起打太极。暑假期间，学校全体教师每天早上六点在市区各大公园集合练习太极，并带动周边本校学生也来一起练习，一招一式，开合有度，中正平和，使之早起强身久而久之形成了习惯。

阅读、书法、太极已成为教师的生活方式，而东长寿学校书法校体"中华体"和"太极拳"已成为东长寿学校自豪的名片。

2. 众志成城，同心筑梦。

（1）名校长引领工程。默延杰名校长工作室于 2018 年成立。以工作室为契机，学校组建中层领导干部团队，来带动教师队伍的发展。并组织各校骨干教师进行培训，外聘专家走进来，对工作室成员学校教师进行教育教学和班级管理方面的指导；寻求办学创新走出去，成员校校长和中层到北京学习，更新教师的教育理念，进行理论建构，开阔教育视野，为每所学校的进一步发展奠定基础。

学校以现代创新手段为平台，组建工作室公众号、视频号。共同推出了课前两分钟、小故事大道理、小实验大科学……创办了校报、校刊广阔的平台，丰富课程内容，为学生搭建了成长的舞台。

（2）名师培养工程。教学技艺比拼是加速教师成长的催化剂。东长寿学校着力做的就是给老师们架设成长的云梯，老师们不仅站得稳讲台，更登得上高台。学校努力发掘和培植名师资源，积极创造条件为教学骨干压担子、铺路子、搭台子，充分发挥他们在教育教学和教育科研中的"领军"作用，为他们提供学习锻炼的机会和展示的舞台。

今年为东长寿学校的教学年，学校以"创新网络优课"为主题，进行教师名课大赛，初评每位教师录制 20 分钟以内的教学重点视频进行评选。让信息技术手段的使用打破了观课时空的限制，也是东长寿学校数字校园建设的一次有益探索。

搭建骨干教师成长的平台。教师的发展、锤炼是提升学校内涵和质量的根本保证。学校通过举办教师素质赛活动，以教师教学片段（15～20 分钟内视频）、微表达、粉笔字书写多个项目进行评分。为骨干教师搭建成长的平台，让他们在各自的岗位上发挥应有的作用。

（3）青年教师青蓝工程。实现教师专业的梯次发展是学校教师队伍建设的重要目标，学校积极探索寻求务实有效的实践路径。

一是认真做好"青蓝工程"，关注教师的培养，实行结对帮扶制度，聘请师德好、业务精、实绩优的骨干教师担任青年教师的导师，在班级管理、教育教学、教育科研等方面进行一对一、多对一、多层多向的指导帮助，促进青年教师的专业素养快速提升。

一是送教下乡：青蓝师徒结对是多年来的传统活动，学校在铸魂教育集团、默延杰名校长工作室中组建师徒结对工程，努力提高每个成员学校青年教师的教育教学水平和教科研能力，促使青年教师快速成长。东长寿学校师傅走出去，与他们的徒弟们齐聚一堂探讨交流。师徒结对是一个起点，也是一个平台，更是一种责任。师傅不仅教给徒弟教学上的方法，同时在理论学习、班级管理上他们也相互交流，共同提高。

（四）朝气蓬勃，斗志昂扬。

1. 提升素养为教师幸福赋能。

学校的发展关键在教师，教师的成长是教育发展的核心，建设高素质的教师队伍，是创建名校的根本保证。而教师的幸福感是奋斗之源，学校把为促进和成就"教师的幸福"作为永恒的追求。让教师"一边教书，一边幸福"是学校教师队伍建设的主题，学校通过策划活动——幸福红毯、幸福故事"十分演讲"提升老师幸福指数；通过搭建平台——教师心理拓展、组建合唱团、舞蹈队，丰富老师的生活；通过教师节评选教学奖、教育奖、导师奖、服务奖等，带来的是浓浓的正能量，凝聚人心，让老师多感受温暖和幸福。

2. 专业成长为教师发展助力。

教师专业成长的程度是教师职业幸福的重要指数。学校通过"一个阵地""两种习惯"促进教师的专业成长。

（1）课堂是教师的主阵地。关注教师专业成长，最好的策略就是回到课堂。学校各教研组围绕"课堂教学目标的精准确定"来开展交流。全体老师全员参与，扎根教学，对课标进行了深入的个性化解读，课堂教学紧紧围绕"课标、课堂、目标"开展集体备课。学校制定固定而完备的集体备课制度，集体备课每周一次，备重点、备难点、备教法、备学法、备思路创新、备精讲精练，备学生素质提升。同时，活动呈现"集体备课－课中观察－课后研讨"三部曲。

语文组教研活动中，围绕"语文课前 10 分钟，堂堂来打卡"，从一年级起，堂堂打卡。重视对学生写字姿势的指导，引导学生掌握基本的书写技能，感受汉字的形体美，养成良好的写字习惯。数学组新学期开展"结合课例，研读教材"集体备课活动，将集体备课落到实处；英语、音乐学科课前动感 60 秒，孩子们随着音乐动作整齐划一，起立安静快速，口号响亮整齐，站如松，坐如钟，行如风。

（2）两种习惯是教师成长的源泉。让思考成为工作习惯。美国心理学家波斯纳提出了教师成长的公式：成长＝经验＋反思。"反思被广泛地看作教师职业发展的决定性因素。"东长寿学校通过"德育研讨会""经验分享会"等引领广大教师聚焦"小事件""小现象""小话题"，分享自己的观点，带领教师们走向"善于思考的幸福道路上来"。

让研究成为专业习惯。苏霍姆林斯基说："如果你想让教师的劳动能够给教师一些乐趣，那你就应当引导每一位教师走上从事研究的这条幸福的道路上来。"学校要求教师人人参与校级课题研究，个个参与课程建设，让大家持续的学习力、高效的合作力、深刻的思考力有效助推了自身的专业成长。

3. 网络探索为教师成长"破冰"。

2020 年初突如其来的疫情，让教师和学生相见于网络云端。信息技术的壁垒被大家一次又一次地尝试攻破。疫情初期，教导处制定了《线上集体备课方案》由备课组长在集体备课群汇报备课进展。在此期间，学校推出针对教师的"网络直播进阶"微课程；还对全体教师进行了"线上教学工具的使用""微课制作工具的使用""微课制作方法""101 教育 PPT 视频会议的使用"等等方面的培训。老师们多次教研，总结自己在线上教学资源开发的经验，制作微课。

学校的教师由害怕改变到适应改变，一起通过在线积极探索打破了束缚自己成长的坚冰。东长寿学校《距美课堂师生文集》《距美课堂在行动》线上课堂纪实两本书的问世，记录了学校的辛勤付出，见证了学校的健康成长。

在"铸魂"教育理念下，在中华文化的熏陶下，学校成功实现了向集团化、国际化、品牌化跨越，学校先后荣获市级实验学校、河北省示范家长学校、学校儿童文学阅读基地、石家庄市规范汉字书写教育示范学校、石家庄市书法实验学校、石家庄市十佳风采学校、全国红领巾小记者辅导计划示范基地、全国特色教育实验学校、全国生命教育百佳学校、全国素质教育百佳学校、全国生命教育先进单位等荣誉称号。

　　风雨百年，薪火相传。百年寒暑交替，世纪风雨历程，学校寻觅先贤开拓的足迹，铭刻前辈纪念的丰碑，传承文明，文脉不断。学校和孩子们会一路唱着"大国泱泱，大河滂滂，洪水图腾蛟龙，烈火涅槃凤凰。文明圣火，千古未绝者，唯我无双。和天地并存，与日月同光……"走向幸福的远方！

后 记

　　我生在农村、长在农村。参加工作后，在新乐市基础教育一线工作了三十五年。通过这些年的工作历程，使我了解了幼儿园、小学、中学、学区的工作场景，工作轨迹也涉及偏远乡镇、中部乡镇、城乡接合部、县城等各个区域，我在学科教师、班主任、团支书、少先队总辅导员、政教主任、副校长、校长、党支部书记等不同岗位上担任过不同角色，亲自见证了新乐市农村基础教育的发展历程。

　　一路走来，我始终坚持着对工作进行思考并记录的习惯，形成了一些工作感悟，写的经验文论文有幸获得几次小奖，也有过几次外出交流学习的机会，对同行办学的经验和学校教育发展也有所了解，了解得多了，也就有了梳理自己在学校长期工作中有关"办好一所学校"

的思考和头绪。

　　自从 1989 年我走上教师岗位，用了十年的时间，从一名普通的学科教师成长为学区的普教校长，基本形成了自己对如何办学的初步思考，也有了实现个人教育追求的愿望。我工作的学校，最初很多都是薄弱学校，我主持薄弱学校工作期间，因校制宜，立足现实，想方设法，使得学校在短时间内各项工作出现明显起色，由于办学效果好，也就有了走出校门向同行交流和介绍办学经验的机会。薄弱学校有一个共同点，就是社会形象不太好，教学成绩不理想，学校风气比较差。每次交流时，我都用"让太阳的光芒融化冰冷的冻土"这个交流题目，之所以用这个题目，是因为薄弱学校的工作太难了，但只有知难而上，让自己充满能量和传播正能量，才能找到薄弱学校发展的力量。

　　进入新世纪，迈入新时代。在这个潮流涌动的时代，如何保持教育初心，完成教育任务，实现教育目标，把学校办成老百姓身边的好学校，成为这个时代的主流，也是我在新的工作岗位上思考和实践探索的主题。我到东长寿学校工作后，与全体师生员工一起，顺应时代潮流，实现了学校一年一台阶、一步一成长，教学成绩与社会影响迅速提升，同行交流的机会更多了，我的交流的题目也换成了"一直在路上"。

随着教育岁月的延伸，我对教育的认识也在发生着变化。党中央提出四个自信，其中文化自信应当从教育自信起步，教育自信的根本在于教育初心：培养德、智、体、美、劳全面发展的社会主义建设者和接班人。通过系统的课堂教学，使学生获得书本知识；通过社会实践活动，使学生掌握应用书本知识的能力，两者互为补充、相辅相成，共同达成学校育人目标和教育目的。培养担当民族复兴大任的时代新人，要面向学生的未来去设计学校发展目标，让学校发展目标成为全体师生的共同愿景、成为学生家长信任学校的真实存在。

近年来，国家提出科技强国、创新人才培养等重大课题，教育成为整个社会的热点、焦点，如何在基础教育领域渗透创新意识、培养创新思维、培养创新苗子，日益成为基础教育需要重点突破的关键任务。

在东长寿学校，以全面完成义务教育国家课程目标为前提，以育全人为追求，立足东长寿学校百年校史，着眼九年一贯制义务教育全程，学校着力于设计实施 DCS 课程改革、素质教育为途径的 DCS 创新人才培养路径探索已经提上工作日程。

为什么用"DCS"缩写，这有三个层面的因由。第一，这是来自义务教育基层东长寿学校的，为了彰显学校办学思想和学校办学追求，由学校名称"东长寿"汉语首字母组合而成，使其具有不可复制性的专属字母组合；第二，目前流行的字母缩写基本上都是英文字头缩写，文化自信理应包括汉语文化；第三，DCS 意指义务教育阶段创新人才培养课程的三个阶段任务目标，D 指完成国家课程标准，全人教育中普及到懂、知道、了解、会的层面；C 阶段的要求更高，在某一项目学习活动中发现正与自己的天赋相合，迅速成为这一活动中的领军人物，形成自己终生喜欢的特长；S 阶段则是输出，在学习活动中将技能内化后再传授输出，在转化过程中培养学生的责任担当。

铸魂，源于古代武器铸造行业的术语，意为"打造武器时注入灵气，让武器更有力量和战斗力"。此后，"铸魂"一词逐渐延伸到人类社会的各个领域，成为一个富有哲学和文化内涵的概念。在人类的成长和发展过程中，铸魂指的就是个人和团队不断锤炼自身能力，培养自己的品格和素质，追求自我完善和提高，从而达到幸福生活和创造更大价值的目标。只有具备了真正的铸魂意识，才能走出一条稳健、健康、成长的道路。用"铸魂"作为书名，既表达了我对教育事业的工作态度，也是对义务教育学校育人工作现实的一个形象诠释，更饱含着我对东长寿学校DCS创新人才培养课程的热切希望。

一辈子做一件事是幸福的，能够用一辈子做成一件事儿，则是幸运的；在一个幸福的时代，从事幸福的工作，在自己喜欢的事业中，享受教育人的快乐和幸福，这是我最大的幸福。

作者小传

默延杰，男，现年49岁，汉族，中共党员，新乐市十大杰出青年、拔尖人才、政协常委，石家庄市委防治非典优秀共产党员、第三届十大知名校长、首批十大名校长工作室领衔校长，河北省骨干校长，河北省教育工作先进个人、河北省家庭教育研究员，国家三级心理咨询师、国家高级家庭教育指导师、全国基础教育百佳杰出校长、全国十佳好校长、教育家智库专家。

如今，默延杰参加工作已有35年，担任校长工作已有18年，其间他始终保持学习、探索、创新、奉献的工作作风。当普通教师期间，刻苦钻研业务、积极肯干、主动担当，教学成绩突出，每年不断总结经验，笔耕不辍，所写业务论文或获奖或发表；当中层领导期间，团结协作，把职责做到极致，在工作岗位上，总结凝练形成典型经验，多次受到上级表彰；当校长期间，继续领先一步，开拓创新，把校长当成了"长校"——成了长在学校的人，无论上级安排到哪里，都把学校办成老百姓身边的好学校。

2004年10月，默延杰担任马头甫乡北齐同小学校长，依据学校现状、教师特长、学生需求，开展了"两无四定一参与"全员素质教育办学模式，组织列队放学回家、国学经典诵读等活动，学校精神面貌焕然一新，社会影响迅速好转。

2005年秋季开学，南齐同小学和幼儿园的孩子们全部自发转到了北齐同小学就读，撰写《自然法则下的布局调整》一文，引起上级重视。12月，国家督学马长庚同志到学校调研，对学校的全员素质教育模式高度评价。

2006年3月，新乐市素质教育现场会在北齐同小学召开，全员素质教育模式迅速在全市推广。同年4月，默延杰调任位于市区中心但面临招生困难的东长寿学校任校长。

默延杰在这所全新的学校，在人、财、物没有变的情况下，通过一系列因校制宜的办学策略和扎实改革，使校风、学风、教风迅速好转，教育教学质量迅速提升，学校社会影响逐年增强，慕名而来的学生越来越多，迅速由几百人发展到六千多人，成为新乐市规模最大、学生人数最多的热点学校。学校先后评为"全国素质教育示范学校""全国生命教育十佳学校"，"魂、双尊、身心灵、五四体系"十字办学模式屡获国家大奖，《石家庄教育》《河北教育》《中国教师报》《中国教育报》等教育类权威报刊多次刊载报道，他也应邀到全国十多个省市做报告三十余场，石家庄市先后三次在学校召开现场会进行推广。

三十年来，默延杰每天清晨醒来的第一个愿望是到喜爱的学校去，和孩子们一块儿学习。当帮扶偏常生失败的时候，困惑的他利用早到的时间学习心理咨询知识，第一个考取了新乐市国家三级心理咨询师资格，拥有了走进孩子心灵世界、拨动孩子心灵深处那根脆弱心弦的能力，并开展了系列的心理健康教育活动，所在学校从来没有一名学生因心理障碍引发事故；二十年来，他义务疏导求助心理障碍青少年达到1500余人次，为社会稳定做出了贡献。

三十年来，默延杰每天清晨醒来的第一个念头是马上行动。因为在他看来，今天是自己人生中最年轻的一天，此刻是自己人生中最年轻的时刻。学校校风正了，学风浓了，可家长育子知识的匮乏成为短板，于是，默延杰马上学习家庭教育知识，并考取了国家高级家庭教育指导师资格，组织了分年级、系列化的家庭教育讲座，实现了家校共育英才的办学目标，东长寿学校被评定为河北省示范性家长学校，他也被聘请为"河北省家庭教育讲师团"成员，到各地举办讲座，三十年来，他面对面培训的家长超过十万人次，推进了家庭、社区、社会的文明与进步。

三十年来，默延杰每天清晨醒来的第一个意识是尊重，由尊重到尊严，身心灵齐发展。作为一名校长，他不断告诉自己，要尊重工作，尊重职责，尊重规律，尊重同事、家人、朋友、领导，尊重一草一木和万事万物。他始终认为，当我们做到尊重眼前的人、做好手边的事的时候，回报我们的必然是尊重，也终将实现人生的最高追求——有尊严地生活！由尊重到尊严，"双尊理念"成为东长寿学校全体师生和家长的共同理念。"双尊"理论在全国屡获大奖，成为东长寿学校的代名词。

2012年，东长寿学校开展全员太极习练活动，通过"小手拉大手，共练太极拳"，让孩子教父母，小学校推动大社会，整个市区，凡是孩子教大人习练太极的，肯定是东长寿学校的学生。

2013年，学校开展了全员书法学习、系列习惯养成、心理健康教育等活动，形成生命教育"五四体系"办学模式，荣获国家教育创新一等奖，在全国第五届生命教育年会上作主旨报告，学校荣获"全国素质教育示范学校"称号。

2014 年，学校形成"身心灵"三足育全人理念，办学模式由"五四"发展成为"五四三"生命教育办学模式，东长寿学校被评为"全国生命教育百佳学校"。同年，学校书法教育成绩突出，被命名为"石家庄市书法示范学校"。《石家庄教育》以"构建五四体系，绽放生命活力"为题进行了专题报道；《中学生导报》以"呵护当下生命，奠基幸福人生"为题进行报道。

2015 年，学校形成"由尊重到尊严，身心灵齐发展"办学理念，在浙江温岭全国第四届生命教育成果展示大会上做了主题报告。同年《河北教育》以"润心濡性，奠基幸福人生"为题，对学校办学模式进行了专题报道；《石家庄教育》以"尊重生命，尊重规律"为题，再次将东长寿的办学经验向全市进行介绍推广。

2016 年，石家庄市生命教育现场会在东长寿学校顺利召开，使学校成为石家庄市开展生命教育的领航学校；5 月，默延杰在全国第三届基础教育大会上做"铸魂教育"专题报告；10 月 27 日的《中国教育报》第七版发表《实现进口和出口的软着陆》一文，对学校的家庭教育工作经验进行介绍推广；同年，《呵护当下生命，奠基幸福人生》一文在"中国名优校长治校之道"活动中荣获一等奖。

2017 年，默延杰带领学校形成了十字办学理念，并以东长寿学校由薄弱到优质改变过程为蓝本，撰写出《铸魂教育》一书。同年秋，东长寿学校与协神学校、化皮学校、赵门小学、小宅铺小学、青同学校等单位成立"新乐市铸魂教育集团"，六所农村学校和13000余名农村孩子组成的集团办学为依托，开始致力于摸索中国县域农村薄弱学校改造经验，努力形成具有普适性的办学理论，让更多的农村学校都成为老百姓身边的好学校。

2018年9月，默延杰荣获"石家庄市十大知名校长"荣誉称号，以排名第一的成绩，成为唯一一位来自县域农村的校长。

2019年，默延杰总结形成"经营幸福"教师队伍建设经验，成为石家庄市首批十大名校长工作室领衔校长，负责赵县、正定县、新乐市、深泽县、灵寿县等五个县市的骨干校长培养和教育引领工作。

2020年，默延杰带领教科研人员进行疫情之下的《农村家庭感恩教育》课题研究。

2021年，东长寿学校与石家庄市正式签订战略合作协议，引进"博悟"课程，成为全国首批博物馆进校园的学校之一，倾力探索疫情之下"双减"新路径，同年，默延杰荣获"河北省骨干校长"荣誉称号。

2022年，默延杰带领学校教科研骨干成立课题小组，研发 DCS+1 县域农村课程体系，初步形成具有创新性的课程体系。

默延杰，作为一名农村家庭的孩子，通过学习改变了自己的命运，也通过自己的教育经历，引领农村的孩子们勤奋学习、努力进取。他从最为偏远、贫穷、落后的农村一线教师做起，抱着一个教育梦想，坚守在教育一线，把校长当成长校，把教育当作追求，努力探索中国县域农村教育规律，让所有的农村的孩子们，都能够在身边接受优质的、公平的教育！